Trucs et astuces de grand-mère

Guy Saint-Jean Éditeur
3440, boul. Industriel
Laval (Québec) Canada H7L 4R9
450 663-1777
info@saint-jeanediteur.com
www.saint-jeanediteur.com

• • • • • • • • • • • • • • •

Catalogage avant publication de Bibliothèque et Archives nationales du Québec et Bibliothèque et Archives Canada

Mammar, Lydia, 1967-

[500 trucs et astuces de grand-mère]

Trucs et astuces de grand-mère

Publié antérieurement sous le titre : 500 trucs et astuces de grand-mère. Paris, Éditions de l'Opportun, 2013. Comprend un index.

ISBN 978-2-89455-949-9

1. Conseils pratiques, recettes, trucs, etc. 2. Économie domestique. I. Titre. II. Titre : 500 trucs et astuces de grand-mère.

TX162.4.M35 2015   640'.41   C2015-940284-0

• • • • • • • • • • • • • • • •

Nous reconnaissons l'aide financière du gouvernement du Canada par l'entremise du Fonds du livre du Canada (FLC) ainsi que celle de la SODEC pour nos activités d'édition.

Canadä   ■◆■ Patrimoine Canadian   SODEC
                 canadien   Heritage   Québec ■■

Gouvernement du Québec – Programme de crédit d'impôt pour l'édition de livres – Gestion SODEC

Publié originalement par les Éditions de l'Opportun sous le titre *500 trucs et astuces de grand-mère – Santé, beauté, cuisine, entretien, jardinage, bricolage…*
© Éditions de l'Opportun, Paris, France, 2013 pour l'édition en langue française
© Guy Saint-Jean Éditeur inc., 2015, pour l'édition en langue française publiée en Amérique du Nord
Adaptation : Helene Jutras
Correction : Émilie Leclerc
Conception graphique de la couverture : Rodéo
Mise en pages : Christiane Séguin

Dépôt légal — Bibliothèque et Archives nationales du Québec, Bibliothèque et Archives Canada, 2015
ISBN : 978-2-89455-949-9
ePub : 978-2-89455-950-5
PDF : 978-2-89455-951-2

Imprimé et relié au Canada
1re impression, avril 2015

Guy Saint-Jean Éditeur est membre de l'Association nationale des éditeurs de livres (ANEL).

LYDIA MAMMAR

Trucs et astuces de grand-mère

SANTÉ, BEAUTÉ, CUISINE,
ENTRETIEN, JARDINAGE,
BRICOLAGE...

Guy Saint-Jean
ÉDITEUR

TABLE DES MATIÈRES

INTRODUCTION

Trucs de grand-mère, remèdes de bonne femme... toutes ces astuces et petites recettes ont un point commun: elles ont réussi à traverser le temps sans encombre. Très souvent, on ne sait pas d'où elles viennent ni comment on les connaît. Longtemps oubliés, parfois décriés, ou même un peu méprisés, les trucs de grand-mère sont de nouveau au goût du jour. Probablement parce qu'ils font appel au bon sens, et qu'ils ont l'avantage d'être aussi économiques qu'écologiques. Ils ont même aussi un côté un peu magique et ludique...

Et si les trucs de grand-mère font un tel retour en force, ce n'est certainement pas par nostalgie d'une époque révolue ou par référence à on ne sait quel bon vieux temps, mais probablement par envie et par besoin de plus de simplicité au quotidien.

En effet, ces trucs de grand-mère n'ont rien de compliqué, bien au contraire. Ce sont de petites astuces, de petits gestes de rien du tout, des préparations à base d'ingrédients aussi simples et peu onéreux que du citron, du lait, du savon, du vinaigre blanc, du bicarbonate de soude, de l'huile d'olive, des huiles essentielles, etc. Ce retour à l'avant-scène des trucs de grand-mère n'aurait probablement pas eu lieu non plus sans Internet. Grâce au Web, tous ces trucs ont pu être retrouvés et répertoriés, et vivre ainsi une deuxième jeunesse : les 350 trucs rassemblés dans ce livre sont en grande majorité issus du site Internet www.trucsdegrandmere.com, site participatif devenu une référence en la matière. Ces 350 trucs de grand-mère sont à consulter sans modération et à avoir toujours sous la main pour bricoler, réparer, cuisiner, jardiner, nettoyer et prendre soin de toute la famille.

BRICOLAGE

~ 1 ~
Affûter un couteau ou des ciseaux
sans pierre à aiguiser

Pour affûter un couteau ou une paire de ciseaux, une bouteille en verre fait très bien l'affaire : placer les lames sur le goulot, et les faire courir de la base vers la pointe, plusieurs fois de suite. Le verre ne cassera pas et jouera ainsi parfaitement son rôle de pierre à aiguiser.

~ 2 ~
Clouer dans du bois
sans qu'il se fende

Quand on enfonce un clou dans du bois, celui-ci peut se fendre. Pour éviter cela, il faut émousser légèrement la pointe du clou, en donnant un petit coup de marteau dessus. La pointe moins acérée du clou ne causera ainsi pas de dégâts au bois dans lequel elle sera plantée.

~ 3 ~
Combler une fissure
dans le bois

Pour combler les disgracieuses fissures d'un meuble en bois, la cire d'abeille, dans une teinte proche du bois à réparer, convient parfaitement. Il suffit de remplir la fissure avec de la cire d'abeille, puis d'enlever l'excédent.

~ 4 ~
Conserver correctement
les pots de peinture

La conservation des pots de peinture entamés ne va pas de soi : si on ne s'y prend pas bien, il est parfois impossible de les rouvrir ou alors la peinture qui reste au fond est complètement sèche. Le mieux est de bien nettoyer le haut des pots, de les refermer très soigneusement et de les entreposer la tête en bas. La pellicule sèche qui se formera sur la peinture se retrouvera au fond des bidons une fois ceux-ci retournés pour les ouvrir.

~ 5 ~
Couper un carreau de faïence
avec un simple stylo à bille

Si le besoin impérieux se fait sentir de couper un carreau de faïence, et en l'absence d'un outil approprié, un simple stylo à bille peut être un allié précieux. Comment procéder ? Tout d'abord, tracer une ligne de coupe avec un feutre sur le carreau. Puis repasser sur cette ligne en appuyant fortement avec la pointe du stylo à bille, jusqu'à entendre un léger crissement. Placer alors le carreau sur un bord de table, de façon à ce que le morceau à couper soit au-dessus du vide, et appuyer dessus d'un coup sec. Le carreau sera tranché net et sans bavure.

~ 6 ~
Empêcher la buée de se former
sur le pare-brise de la voiture

Il y a plus simple et moins dangereux que de retenir sa respiration pour empêcher la formation de buée sur le pare-brise de la voiture : il suffit de le frotter avec un pain de savon ou de passer un chiffon imbibé d'alcool à 90 %.

~ 7 ~
Entreposer les outils de jardinage,
tout en les entretenant

Pour entretenir les outils de jardinage, rien de tel que... le sable ! Une fois nettoyés, débarrassés de la terre et des brins d'herbe, et bien séchés, les outils devront être plantés dans un récipient rempli de sable sec : ils seront ainsi préservés de la corrosion, grâce au sable bien sec, qui agira comme un abrasif naturel.

~ 8 ~
Entretenir le tranchant des ciseaux

Lorsque les ciseaux manquent de tranchant, prendre une feuille, ou deux, de papier d'aluminium et la plier plusieurs fois. Puis couper en morceaux. Le tranchant de la lame des ciseaux sera ainsi entretenu. Penser à renouveler cette opération régulièrement. On peut aussi couper à plusieurs reprises une feuille de papier sablé : on obtiendra le même résultat.

~ 9 ~
Entretenir les tiroirs pour les empêcher de se bloquer et de grincer

Que faire pour empêcher les tiroirs de se bloquer et de grincer ? En passant du savon en pain sur la surface qui devrait normalement glisser, les tiroirs s'ouvriront et se fermeront sans effort ni couinement désagréable !

~ 10 ~
Éviter de nettoyer le rouleau de peinture

Entre deux couches de peinture sur les murs ou le plafond, comment éviter la corvée du nettoyage de rouleau ? En enveloppant très soigneusement le rouleau dans une feuille de papier d'aluminium, de façon à y emprisonner le moins d'air possible, ou dans un sac en plastique en le serrant fortement sur le rouleau, il ne séchera pas et sera ainsi réutilisable pour passer la couche de peinture suivante.

~ 11 ~
Éviter les coulures sur le pot de peinture

Les coulures le long du pot de peinture, c'est énervant : lorsqu'on saisit le pot, on s'en met plein les doigts. Pour empêcher cela, l'astuce consiste à placer en travers du pot un fil de fer, sur lequel le pinceau pourra être égoutté.

~ 12 ~
Fabriquer du mastic à bois

Se fabriquer son propre mastic à bois peut rendre bien des services. Pour cela, récupérer du bran de scie très fin, si possible issu du même bois que celui sur lequel le mastic sera appliqué. Mélanger ensuite ce bran de scie avec de la colle à bois, jusqu'à obtenir une pâte ni trop liquide ni trop épaisse. Ce mastic s'appliquera à la spatule.

~ 13 ~
Fabriquer une colle 100 % naturelle

Pour les petits travaux de bricolage (papier, carton, papier mâché, etc.), il est tout à fait possible de confectionner une colle 100 % naturelle et totalement exempte de produits chimiques. La recette est super simple : verser 60 ml (¼ de tasse) de farine, 15 ml (1 c. à soupe) de sucre en poudre et ajouter 125 ml (½ tasse) d'eau, faire chauffer le tout à feu moyen en remuant sans cesse jusqu'à obtention d'une pâte homogène et sans grumeaux. Cette colle se conserve plusieurs jours dans un bocal bien fermé.

~ 14 ~
Masquer une éraflure
sur un meuble en bois

En frottant une noix écalée sur l'éraflure, celle-ci sera masquée, la noix agissant comme une teinture naturelle. Pour des meubles en acajou ou en cerisier, de la teinture d'iode sur un coton-tige passée sur la trace permettra de la camoufler. Et hop ! ni vu ni connu.

~ 15 ~
Nettoyer un pinceau sale et sec

Un pinceau tout sec et bien sale, négligemment oublié dans un coin, n'est pas forcément bon à jeter ! Pour le récupérer, le faire tremper dans du vinaigre blanc préalablement chauffé. Le pinceau redeviendra comme neuf.

~ 16 ~
Peindre les fenêtres sans salir les vitres

Peindre des fenêtres sans salir les vitres, ça peut paraître insurmontable, d'autant plus qu'un coup de pinceau de travers arrive facilement... Pour préserver les carreaux de tout coup de pinceau, il faut les enduire préalablement d'huile végétale. Ensuite, une fois la peinture sèche, frotter les vitres avec un chiffon pour enlever les éventuelles coulures et traces de peinture et l'huile.

~ 17 ~
Peindre sans faire de traces de pinceau

Pour peindre un mur ou un meuble uniformément, c'est tentant de faire un premier passage du pinceau dans un sens, d'attendre que ce soit sec, puis d'appliquer la deuxième couche dans l'autre sens. Eh bien c'est raté, il ne faut surtout pas faire ça! L'astuce consiste à peindre en croisant les coups de pinceau, dans un sens, puis dans l'autre, et sur de petites surfaces. La teinte sera ainsi homogène.

~ 18 ~
Planter un clou dans différents matériaux

Savoir planter un clou, ce n'est pas si évident, car chaque matériau a ses particularités. Les méthodes sont différentes selon que le clou doit être planté dans du bois, du béton ou du plâtre. Pour planter correctement un clou dans le bois, il faut le planter en biais (surtout pas droit!). Lorsque le bois est très dur, mieux vaut faire un petit trou avec un foret avant d'enfoncer le clou. Seuls les clous en acier peuvent se planter dans du béton. Quant au plâtre, celui-ci doit être humidifié avant d'y planter le clou.

~ 19 ~
Planter un clou dans un endroit peu accessible

Pour planter un clou dans un endroit peu accessible, piquer le clou au bord d'un bout de carton (pas trop épais), ce qui permettra de tenir le clou facilement. Une fois le clou fixé, déchirer le carton autour de la tête du clou.

~ 20 ~
Préparer un pinceau neuf
avant sa première utilisation

Souvent, les pinceaux neufs perdent leurs poils, qui se déposent dans le pot ou, pire encore, restent collés au mur ou au meuble. Pour éviter ce désagrément, il est indispensable de faire tremper les pinceaux neufs dans de l'eau pendant vingt-quatre heures avant la première utilisation. Mieux vaut donc être prévoyant!

~ 21 ~
Préserver la peinture lorsqu'on plante
un clou dans un mur

Parfois, un coup de marteau, même petit, sur un mur, peut endommager la peinture qui le recouvre. Pour éviter à la peinture de s'écailler ainsi, coller un petit morceau de papier adhésif à l'endroit où le clou sera planté. La peinture ne s'écaillera pas sous les coups du marteau.

~ 22 ~
Prévenir la formation de rouille
sur les outils

Même rangés dans leur coffre, les outils ne sont pas à l'abri de la rouille. Pour prévenir l'apparition des taches de rouille sur les outils, placer des morceaux de craie dans la boîte: la craie se révélera être un absorbeur d'humidité hors pair. Et pour les préserver encore mieux de la corrosion, rien de tel qu'un petit graissage des parties métalliques!

~ 23 ~
Prévenir les bulles d'air sous le papier peint

Réussir à coller du papier peint correctement du premier coup n'est pas donné à tout le monde. C'est généralement assez fastidieux et décourageant, surtout quand apparaissent des bulles d'air! Pour les éliminer, se procurer une seringue médicale et injecter à l'aide de celle-ci une petite dose de colle en piquant au milieu de la cloque. Bien lisser pour chasser l'air, et le défaut disparaîtra.

~ 24 ~
Récupérer des fonds de pots de peinture

Une fois les travaux de peinture terminés, comment utiliser les restes de peinture qui traînent au fond des pots? Ne pas les jeter! Mieux vaut les mélanger et les conserver (truc n° 4) pour les réutiliser plus tard en sous-couche sur un mur ou sous du plâtre ou, pourquoi pas, pour repeindre un autre mur si la teinte obtenue n'est pas trop vilaine!

~ 25 ~
Rendre les fenêtres faciles
à ouvrir et à fermer

C'est généralement l'humidité qui rend les fenêtres difficiles à ouvrir (et à fermer, d'ailleurs). Pour éviter des efforts démesurés, appliquer du talc dans les rainures des fenêtres, ce qui les rendra nettement plus faciles à ouvrir.

~ 26 ~
Réparer des brûlures de cigarette
sur un tapis ou une moquette

La moquette synthétique est particulièrement vulnérable aux brûlures de cigarette, qui provoquent des petits trous dont aucun nettoyage ne peut venir à bout. La première méthode consiste à frotter doucement la zone brûlée avec du papier sablé très fin, en effectuant des mouvements circulaires, jusqu'à la disparition de la tache.

La seconde méthode vise à reboucher le trou en tant que tel : pour cela, prélever à l'aide d'un emporte-pièce (un capuchon métallique d'un vieux stylo conviendra parfaitement) un bout de moquette dans un recoin (derrière une porte ou dans un placard). Enlever avec le même emporte-pièce le petit morceau de moquette brûlée, puis mettre un peu de colle contact dans le trou. Y placer la petite rondelle de moquette neuve en la tapotant avec un chiffon propre. Et puis, si possible, cesser de fumer pour éviter que ce genre d'accident ne se produise plus !

~ 27 ~
Sortir un boulon coincé dans un écrou

Pour débloquer un boulon coincé dans un écrou et en l'absence de lubrifiant, faire tremper les deux pièces dans du cola pendant toute une nuit. Le lendemain, le cola aura eu raison de la rouille qui soudait l'écrou et le boulon. Comme quoi il vaut mieux ne pas abuser de ce genre de boisson !

~ 28 ~
Une astuce pour dévisser facilement

Pour dévisser facilement, il est recommandé d'enduire le filetage des vis de savon, avant de les visser (après, il sera trop tard !). Tranquillité assurée au moment du démontage des meubles, par exemple.

~ 29 ~
Visser sans faire éclater le bois

Pour enfoncer une vis dans le bois sans l'abîmer, humecter le filetage de la vis. Cela empêchera le bois d'éclater.

CUISINE

~ 30 ~
Adoucir une sauce au vin rouge

Les plats cuisinés au vin rouge, comme le bœuf bourguignon ou le coq au vin, sont souvent très acides et donc difficiles à digérer. Pour les adoucir et les rendre plus digestes, ajouter 5 ml (1 c. à thé) de cacao pendant la cuisson.

~ 31 ~
Améliorer le goût de la compote de pommes

Certains trouvent la compote de pommes (ou de poires) un peu fade. Quelques ingrédients supplémentaires à ajouter pendant la cuisson peuvent remédier à cela : une gousse de vanille fendue dans le sens de la longueur ou de l'extrait de vanille, un bâton de cannelle, un filet de rhum ou de calvados (attention au dosage, il suffit de parfumer, surtout si des enfants sont susceptibles d'en consommer !) ou, en fin de cuisson, du sucre vanillé ou du miel apportent un vrai plus à la compote ! Attention cependant : si vous mettez votre compote en conserve, il vaut mieux suivre la recette à la lettre.

~ 32 ~
Attendrir un rôti

Pour obtenir à la sortie du four un rôti tendre et juteux, il existe deux méthodes : arroser la viande avec 60 ml (¼ de tasse) de cognac une demi-heure avant de l'enfourner, ou la tartiner de moutarde, également avant la cuisson. Ni le cognac ni la moutarde ne se goûteront après cuisson.

~ 33 ~
Chauffer du lait sans qu'il colle au fond de la casserole

Même en le faisant chauffer à feu très doux, le lait a tendance à coller au fond de la casserole : pour éviter cela, verser le lait froid dans une casserole préalablement humectée. La pellicule d'eau déposée au fond de la casserole empêchera le lait de s'y fixer.

~ 34 ~
Ciseler facilement les fines herbes

Un lavage sous l'eau bien chaude (mais surtout pas à l'eau bouillante!) suivi d'un essorage minutieux permettra de ciseler rapidement et facilement les fines herbes.

~ 35 ~
Confectionner de la pâte d'amande

Fabriquer soi-même de la pâte d'amande, c'est simple comme bonjour : mélanger 125 g (½ tasse) de poudre d'amandes avec autant de sucre à glacer, puis ajouter quelques gouttes d'amande amère. Battre un blanc d'œuf à la fourchette et l'ajouter petit à petit au mélange de sucre et d'amandes. Un peu de colorant alimentaire si vous le désirez et voilà de quoi fourrer quelques dattes

ou pruneaux, ou décorer des gâteaux…
à conserver une semaine au réfrigérateur.

~ 36 ~
Confectionner du bouillon
de légumes maison

Au lieu d'acheter des cubes de bouillon
ou du bouillon en poudre, il est tout à fait
possible de confectionner du bouillon de
légumes, tout simplement en conservant
l'eau de cuisson des légumes, puis en la
congelant dans des récipients, par exemple
dans des bacs à glaçons.

~ 37 ~
Confectionner du sucre vanillé

Le sucre vanillé maison se fabrique en
« recyclant » les gousses de vanille qui ont
servi dans une recette ! Il faut d'abord les
faire sécher, puis les mettre dans un bocal
avec du sucre en poudre. En deux semaines,
le sucre aura pris le goût subtil et délicieux
de la vanille.

~ 38 ~
Congeler des framboises
sans les abîmer

Placer les framboises en les espaçant bien sur
une plaque à biscuits recouverte de papier
parchemin. En cas de pénurie de papier parchemin, saupoudrer les framboises de sucre
en poudre avant de les mettre dans le congélateur. Au bout de quelques heures, une

fois qu'elles auront bien durci, les transférer dans un sac de congélation. Pour utiliser ensuite les framboises congelées pour une tarte, mieux vaut les disposer encore congelées sur le fond de tarte préalablement cuit à blanc (truc n° 98), puis les saupoudrer de sucre à glacer.

~ 39 ~
Conserver le basilic

Le basilic, tellement délicieux dans les préparations à base de tomate, peut se conserver six mois environ à température ambiante et dans un bocal en verre fermé, à condition de le hacher menu ou de le couper très fin, puis de le recouvrir d'huile d'olive. On peut aussi le congeler avec de l'eau dans des bacs à glaçons.

~ 40 ~
Conserver les champignons

Les champignons frais (et non vénéneux!) garderont leur saveur et leur texture s'ils sont emballés dans du papier journal avant d'être placés dans le bac à légumes du réfrigérateur, et ce, pendant une semaine au maximum.

~ 41 ~
Conserver les citrons entamés

Trop de citrons entamés sont oubliés dans un coin du réfrigérateur et finissent à la poubelle ou dans le bac de compost. Pour éviter ce gâchis, plusieurs petits trucs permettent aux citrons entamés de ne pas se dessécher : soit en saupoudrant leur chair d'un peu de sel, soit en versant quelques gouttes de vinaigre sur une soucoupe et en déposant le citron entamé dessus, face vers le bas.

~ 42 ~
Conserver les citrons entiers

Les citrons resteront bien juteux s'ils sont placés au réfrigérateur. C'est une première condition, nécessaire, indispensable même, mais pas suffisante : le mieux est de les plonger dans un contenant hermétique rempli d'eau. Ils donneront tout leur jus le moment venu.

~ 43 ~
Conserver le melon une fois qu'il est coupé

Après avoir préparé le melon, pour qu'il garde tout son goût et son parfum au réfrigérateur, l'idéal est de l'envelopper dans un torchon.

~ 44 ~
Conserver le persil frais

Couper quelques millimètres des tiges, et plonger le bouquet dans un verre d'eau. Recouvrir ensuite d'un petit sac en plastique maintenu autour du verre par un élastique. Entreposer au réfrigérateur : le persil restera croquant et frais pour plusieurs jours. Pour les fanatiques de la congélation, il est aussi possible de hacher menu le persil, puis de le mettre dans un sac de congélation. Dans ce cas, le persil se conserve pendant six à huit mois.

~ 45 ~
Conserver le vin lorsqu'on n'a pas de cave

Tout le monde n'a pas une cave où conserver le vin dans des conditions optimales. Dans ce cas, il est préférable d'envelopper les bouteilles dans du papier journal, avant de les ranger couchées dans une boîte de carton. L'endroit où elles sont ainsi entreposées doit être le plus frais possible et à l'abri des vibrations.

~ 46 ~
Conserver les blancs d'œufs

Les blancs d'œufs se conservent un peu plus longtemps que les jaunes: jusqu'à quatre jours dans un contenant hermétique au réfrigérateur. Ne pas oublier de coller une petite étiquette sur le récipient en question pour indiquer le nombre de blancs et leur date limite d'utilisation. Bien sûr, la congélation est envisageable: battre légèrement les blancs avec une pincée de sel, puis les verser dans un contenant allant au congélateur. Ils pourront ainsi être conservés pendant six mois.

~ 47 ~
Conserver les fromages

Roquefort, comté, bleu, brie... tous ces fromages ravissent le palais des amateurs, mais ont des goûts prononcés et des odeurs parfois très fortes : pour faire en sorte que les fromages les plus odorants ne dénaturent pas les fromages les plus doux, fixer à l'intérieur de la boîte ou de la cloche à fromage une branche de thym, ou y déposer un morceau de sucre.

~ 48 ~
Conserver les jaunes d'œufs

Contrairement aux idées reçues, les jaunes d'œufs non utilisés ne sont pas bons pour la poubelle : ils peuvent se conserver de deux à trois jours au réfrigérateur, à condition de les garder dans un bol rempli d'eau froide (et de façon à ce qu'ils soient complètement couverts d'eau). Ils peuvent être congelés : il faut les battre un par un à la fourchette avec un peu d'eau, puis les verser, par exemple, dans un bac à glaçons.

~ 49 ~
Conserver les pommes

Les pommes garderont tout leur croquant et leur goût, même au bout de plusieurs mois, si elles sont entreposées dans du sable ! Dans une boîte de carton, il suffit de verser une couche de sable, d'y placer des pommes, puis de les recouvrir à nouveau de sable, et de remettre une couche de pommes, et ainsi de suite. Le sable permettra de les conserver en toute quiétude, à l'abri de l'air.

~ 50 ~
Conserver les pommes et les poires dans la corbeille à fruits

Pour empêcher que les poires ne s'abîment trop vite dans la corbeille à fruits, il faut les placer à la verticale, la tige en l'air, tandis que les pommes doivent être placées à l'envers (tige en dessous).

~ 51 ~
Conserver un bouquet de menthe sans qu'il fane

La menthe fraîche se conserve comme les fleurs : plongée dans un verre d'eau, de préférence au soleil, en veillant à ce que les feuilles ne touchent pas l'eau pour éviter qu'elles pourrissent. Si de petites racines pointent, n'hésitez pas à planter le plant de menthe dans un pot ou en pleine terre (pendant les beaux jours), mais sachez qu'elle est très envahissante. Sinon, la menthe peut être congelée, après avoir été soigneusement lavée et essorée, en ne gardant que les feuilles.

~ 52 ~
Cuire et dorer les frites

Le secret de frites maison bien dorées, ce sont les deux bains successifs d'huile : un premier bain dans l'huile très chaude, mais non bouillante, pendant dix à quinze minutes, pour qu'une croûte assez épaisse se forme à la surface des pommes de terre, suivi d'un égouttage. Puis, juste avant de les servir, un second bain dans l'huile très chaude (à 180 °C [350 °F] : bouillante, mais non fumante) pour les colorer. Elles seront cuites comme il faut, à la fois croustillantes et dorées, mais aussi fondantes.

~ 53 ~
Décongeler un aliment tout en économisant l'énergie

Mieux vaut éviter de décongeler un aliment en le laissant à température ambiante : l'idéal est de placer celui-ci, la veille de son utilisation, au réfrigérateur. Cela permet en outre de refroidir le réfrigérateur et d'économiser ainsi de l'énergie. Du deux en un !

~ 54 ~
Dégraisser casseroles et plats de service sans détergent

Sans savon à vaisselle et presque sans eau, les casseroles et plats de service peuvent être dégraissés avec… du marc de café. Une poignée suffit pour ce faire, sans eau, en frottant les ustensiles à la main (protégée par un gant).

~ 55 ~
Dégraisser un bouillon

Il y a deux façons de dégraisser un bouillon (de bœuf ou de poulet) : mettre un morceau de pain sur une écumoire et la passer à la surface du bouillon encore chaud pour que le pain absorbe le gras. Ou attendre que le bouillon ait refroidi et le mettre au réfrigérateur : le gras remontera à la surface, figera et s'enlèvera très facilement à l'écumoire.

~ 56 ~
Démouler un gâteau sans le briser

Pour démouler un gâteau sans le casser, mieux vaut graisser le moule (avec du beurre ou de l'huile de noix de coco, par exemple) puis le fariner. Cela évitera bien des désagréments au moment du démoulage !

~ 57 ~
Dénoyauter les olives sans dénoyauteur

Pas de dénoyauteur à olives ? On garde son calme ! Un entonnoir peut faire office de dénoyauteur : poser l'entonnoir à l'envers et placer une olive sur le goulot. Tourner doucement l'olive et le noyau va tomber tout seul. Attention, ce truc fonctionne mieux pour les olives vertes que pour les noires.

~ 58 ~
Des astuces pour cuire le pain comme le boulanger

Il existe plusieurs petites astuces pour réussir la cuisson du pain au four aussi bien que le boulanger : faire plusieurs entailles dans la pâte avant d'enfourner, pour assurer une belle levée pendant la cuisson ; ensuite, passer sur le dessus du pain un pinceau trempé dans du jaune d'œuf battu mélangé à de l'eau pour faire dorer. Et ne pas oublier de placer dans le bas du four un récipient rempli d'eau, qui rendra la croûte du pain fine et croustillante.

~ 59 ~
Dorer les oignons

Une fois épluchés et coupés sans déclencher de larmes (truc n° 64), les oignons vont pouvoir être cuits. Comment les cuire sans les brûler ? Si on les passe légèrement dans la farine, ils prendront une belle couleur dorée à la cuisson.

~ 60 ~
Éliminer l'odeur de poisson des ustensiles de cuisine

Les ustensiles dans lesquels le poisson a été préparé restent parfois imprégnés de son odeur, même après avoir été lavés. Pour éliminer définitivement cette odeur, tremper ces ustensiles dans un récipient rempli de thé très fort, puis rincer soigneusement. Si l'odeur persiste malgré ce traitement, frotter la vaisselle avec un morceau de pomme de terre et rincer à l'eau claire.

~ 61 ~
Empêcher les mauvaises odeurs de se développer lors de la cuisson du chou

Le chou, qu'il soit vert, rouge ou chou-fleur, laisse une odeur tenace. Pour continuer à manger du chou sans que les voisins s'en plaignent, placer une croûte de pain ou une pomme de terre dans l'eau de cuisson, ou quelques noix entières, ou encore deux feuilles de laurier.

~ 62 ~
Empêcher une sauce de sécher dans la casserole

Certaines préparations, comme la crème pâtissière, le riz ou les sauces de type béchamel, sèchent sur le dessus lorsqu'elles refroidissent. Pour empêcher cela, piquer un morceau de beurre très froid sur une four-chette et le passer sur toute la surface de la sauce alors qu'elle est encore très chaude. Le beurre étalé sur le dessus de la sauce formera une couche protectrice, qui évitera à la sauce de sécher.

~ 63 ~
Entretenir l'huile de friture

Les amateurs de friture savent que l'huile s'altère si elle n'est pas régulièrement débarrassée de ses impuretés. Pour ce faire, battre un blanc d'œuf pour le rendre mousseux, l'incorporer à l'huile froide, puis la faire chauffer à feu doux. Une fois le blanc d'œuf cuit, l'enlever à l'aide d'une écumoire, et l'huile sera nettoyée. Changer l'huile toutes les dix à quinze fritures.

~ 64 ~
Éplucher et découper un oignon sans pleurer

Comment ne pas avoir les yeux qui piquent et de grosses larmes qui coulent le long des joues lorsqu'on épluche et qu'on coupe un oignon? Plusieurs trucs existent pour empêcher ce déferlement lacrymal, causé par l'alliinase, une enzyme qui se libère dès qu'on coupe l'oignon: chausser, si on en a, des lunettes de plongée, de natation ou de ski. C'est un peu extrême, mais cela fonctionne. Sinon, éplucher l'oignon sous un filet d'eau, ou passer l'oignon sous l'eau avant de le couper, ou encore passer un filet de jus de citron sur la lame du couteau. Une autre méthode, plus surprenante, consiste à placer l'extrémité d'une allumette entre les dents, bout rouge vers l'extérieur, et à la garder ainsi pendant le temps de l'épluchage.

~ 65 ~
Éplucher l'ail sans peine

Pour éplucher facilement l'ail et enlever les petites peaux très fines qui recouvrent la gousse, il suffit d'écraser légèrement la gousse avec le plat de la lame d'un couteau.

~ 66 ~
Éviter au saucisson entamé de sécher

Une feuille de laitue bien verte, ou une rondelle de citron placée sur la partie entamée du saucisson l'empêcheront de sécher et de durcir.

~ 67 ~
Éviter la propagation des odeurs de cuisine

La préparation et la cuisson d'un repas peuvent embaumer de manière plus ou moins agréable. Pour éviter la propagation des odeurs pendant la cuisson, faire bouillir de l'eau additionnée de clous de girofle.

~ 68 ~
Éviter les odeurs de friture

Pour éviter les odeurs de friture, mettre une branche de persil dans l'huile chaude. Fini les mauvaises odeurs !

~ 69 ~
Éviter les projections de graisse sur la plaque de cuisson

La cuisson à la poêle salit parfois beaucoup la plaque de cuisson, qui se retrouve constellée de gouttes de graisse. En ajoutant un peu de sel au fond de la poêle en début de cuisson, quel que soit le corps gras utilisé, on évitera ainsi les projections de graisse.

~ 70 ~
Faire cuire des œufs durs à la perfection

La cuisson des œufs durs est *a priori* un jeu d'enfant. Sauf que, bien souvent, ils sont beaucoup trop cuits : le jaune vire alors au verdâtre et le blanc devient caoutchouteux. Pas très appétissant. Pour réussir la cuisson des œufs durs, les faire cuire trois minutes à l'eau bouillante, puis éteindre le feu en laissant les œufs pendant encore dix minutes dans l'eau. Ils finiront ainsi de cuire (et vous économiserez de l'énergie). Au bout de dix minutes, les passer sous l'eau froide.

~ 71 ~
Faire disparaître les traces de calcaire dans une casserole

Pour éliminer les traces de calcaire dans une casserole, y faire bouillir de l'eau additionnée d'épluchures de pommes de terre.

~ 72 ~
Faire dorer un poulet

Pour obtenir un poulet rôti parfaitement doré, l'enduire de beurre, puis le saupoudrer de farine. Ceux qui préfèrent ne pas utiliser de matière grasse pourront, à la place du beurre, badigeonner leur poulet de lait.

~ 73 ~
Faire dorer un rôti de viande blanche

Pour faire dorer un rôti de viande blanche (porc, veau, volaille...), l'arroser de jus de citron avant la cuisson. Au sortir du four, le rôti sera parfaitement doré et aura un parfum très agréable, tout simplement grâce au jus de citron.

~ 74 ~
Faire mûrir un fruit

Pour accélérer la maturation d'un fruit, il est indispensable d'avoir une pomme sous la main. Placer le fruit avec la pomme dans un sac de congélation en plastique percé de petits trous, et le fruit va mûrir plus vite du fait de sa proximité avec la pomme. Pour faire mûrir un avocat, l'envelopper pendant un à deux jours dans du papier journal. Il peut aussi être mis pendant une nuit dans un sac en papier avec une banane.

~ 75 ~
Faire rougir les tomates

Les tomates encore vertes, enveloppées dans un papier journal avec une tomate bien mûre, vont rapidement prendre des couleurs !

~ 76 ~
Faire soi-même du délicieux bouillon de poulet

Au lieu de jeter la carcasse et les os de poulet, les mettre dans de l'eau et faire cuire pendant une vingtaine de minutes avec un oignon et des fines herbes. Au bout du compte, une fois ôtés la graisse et les os, on obtiendra un délicieux bouillon de poulet maison, que l'on peut facilement congeler.

~ 77 ~
Frire facilement le poisson

Pour faire frire facilement un poisson et le rendre de surcroît bien doré et croustillant, il faut avant la cuisson le tremper dans du lait, puis le fariner.

~ 78 ~
Laver correctement la laitue

Pour débarrasser une laitue de ses saletés et petites bêtes indésirables, verser un peu de vinaigre dans l'eau de lavage.

~ 79 ~
Monter les blancs d'œufs en neige sans peine

Pour faire de beaux blancs d'œufs en neige, utiliser un récipient préalablement passé sous l'eau froide (ou réfrigéré) et ajouter une pincée de sel aux blancs. Ils monteront à coup sûr, sans laisser de liquide au fond du bol.

~ 80 ~
Nettoyer une casserole brûlée

En cas d'oubli malencontreux d'une casserole sur le feu, comment enlever le résidu brûlé ? Verser dans la casserole assez d'eau pour en couvrir le fond, et 45 ml (3 c. à soupe) de bicarbonate de soude, et faire bouillir ce mélange pendant quelques minutes. Après ce traitement, le fond brûlé devrait disparaître facilement.

~ 81 ~
Ouvrir un bocal au couvercle récalcitrant

Inutile de s'escrimer sur le couvercle du bocal : le mieux est de se munir d'un couteau ou d'une fourchette (ou même d'une cuillère) et de tapoter tout autour du couvercle avec le manche de l'ustensile. Le couvercle s'ouvrira sans difficulté. Sinon, retourner le bocal et en taper fort le dessous avec le plat de la main. Ou placer un élastique tout autour du couvercle, ce qui améliorera votre prise et vous permettra d'ouvrir le bocal sans peine. Au cas où cela ne fonctionnerait toujours pas, il reste la solution du manche d'une petite cuillère à insérer sous le couvercle afin d'y insérer de l'air.

~ 82 ~
Parfumer une salade à l'ail

Au lieu d'ajouter de petits morceaux d'ail dans la salade ou la vinaigrette, ce que tout le monde n'appréciera pas forcément, frotter l'intérieur du saladier avec une gousse d'ail coupée en deux avant d'y ajouter salade et assaisonnement. Le parfum de l'ail se

déposera délicatement sur la salade et satis-
fera ainsi les estomacs les plus délicats.

~ 83 ~
Préparer des brochettes de légumes qui tiennent parfaitement à la cuisson

Comment faire pour que les légumes cuits en
brochette ne se disloquent pas à la cuisson ?
En les plongeant dans l'eau bouillante avant
de les embrocher. Ils tiendront ainsi bien
le coup.

~ 84 ~
Préparer un chocolat chaud onctueux

Comment préparer un chocolat chaud,
mousseux et onctueux, comme au salon de
thé ? En le fouettant, juste avant de le servir,
avec un moussoir, qui permettra d'émulsionner la délicieuse boisson ou, à défaut,
avec un petit fouet.

~ 85 ~
Préparer soi-même et à l'avance des zestes d'agrumes

Bien nettoyer oranges, citrons et autres
agrumes et prélever les zestes à l'aide d'un
économe ou d'une petite râpe. Les étaler sur
une plaque et les mettre au four préchauffé
à 150 °C (300 °F), pendant une demi-heure,
en surveillant pour qu'ils ne grillent pas.
Ces zestes se conservent dans un contenant
hermétique et sont réutilisables dans toutes
les pâtisseries.

~ 86 ~
Que faire des fanes de radis ?

Les donner aux lapins ? C'est une possibilité si on vit à la campagne. Mais en l'absence de clapiers à proximité, les fanes de radis peuvent être la base de délicieux potages confectionnés avec un oignon et quelques pommes de terre. Un délice !

~ 87 ~
Rattraper une mayonnaise qui n'a pas pris

Les mayonnaises qui ne prennent pas, c'est la hantise des cuisiniers et cuisinières, et pourtant cela peut arriver. Si c'est effectivement le cas, mélanger 15 ml (1 c. à soupe) de la mixture ratée avec 15 ml (1 c. à soupe) d'eau froide. Battre rapidement à la fourchette tout en incorporant le reste de la mayonnaise ratée.

~ 88 ~
Réchauffer le pain sec

Le pain sec, avant d'être dur comme de la pierre, peut tout à fait être consommé. Il suffit de le passer sous un filet d'eau, puis de le réchauffer au four. Il en sortira croustillant et chaud, quasiment comme du pain frais. Il est en revanche à consommer sans attendre, car il sèche et durcit très vite.

~ 89 ~
Rendre une omelette plus légère

Pour rendre une omelette plus légère et également plus digeste, ajouter aux œufs battus 15 ml (1 c. à soupe) d'eau ou de lait par œuf. Même chose pour les œufs brouillés !

~ 90 ~
Réchauffer des pâtes

Pour réchauffer les pâtes sans qu'elles collent ou qu'elles s'agglomèrent, il faut les passer sous l'eau bien chaude, puis les égoutter. Mettre un peu de lait au fond de la casserole, y ajouter les pâtes, couvrir et réchauffer.

~ 91 ~
Récupérer la chair sur une carcasse de poulet

Les plus patients gratteront au couteau la carcasse d'un poulet pour en récupérer la chair. Les autres, qui sont équipés d'une marmite à vapeur, y placeront la carcasse pendant une dizaine de minutes. La chair cuite se détachera toute seule et pourra être réutilisée pour d'autres recettes.

~ 92 ~
Récupérer une laitue flétrie

Si la laitue donne quelques signes de faiblesse et qu'elle est ramollie, la faire tremper dans l'eau très chaude pendant une minute, puis dans l'eau très froide pendant cinq à dix minutes. Le choc thermique lui redonnera de la vigueur et du croquant !

~ 93 ~
Rendre les légumineuses plus digestes

Pour éviter les ballonnements désagréables après avoir consommé des légumineuses (haricots, pois chiches, lentilles, etc.), ajouter une pincée de bicarbonate de soude à l'eau de cuisson. Il convient également, avant la cuisson, de les faire tremper dans l'eau pendant de 12 à 24 heures (ne pas utiliser cette eau pour la cuisson).

~ 94 ~
Rendre une viande ou un poisson fumé moins salés

Jambon fumé, lard, hareng ou aiglefin sont parfois vraiment trop salés. Pour dessaler ces aliments, les faire tremper dans du lait au moins une demi-journée (une journée pour les morceaux les plus épais). Et penser à garder ce lait pour confectionner une béchamel, qui aura ainsi un bon petit goût fumé et que vous n'aurez pas à saler. Il n'y a pas de mal à se faire du bien !

~ 95 ~
Renforcer l'arôme du chocolat fondu

En pâtisserie, le café est un excellent allié du chocolat : pour faire fondre ce dernier, rehausser son arôme et corser son goût, ajouter 15 ml (1 c. à soupe) de café moulu à 150 g (1 tasse) de chocolat.

~ 96 ~
Réussir la béchamel à tous les coups

La sauce béchamel peut se rater, cela arrive, même aux meilleurs d'entre nous. Pour éviter ce genre d'humiliation culinaire, piquer un morceau de pomme de terre sur une fourchette et utiliser cet ustensile pendant toute la préparation de la sauce, qui sera lisse, onctueuse et sans grumeaux.

~ 97 ~
Réussir la cuisson des légumes verts

Pour que les légumes verts cuits à l'eau ne perdent pas leur saveur, il est recommandé d'ajouter à l'eau de cuisson 5 ml (1 c. à thé) de sucre en poudre, qui rehaussera leur goût. Verser également 5 ml (1 c. à thé) de bicarbonate de soude à l'eau de cuisson, et les légumes garderont leur belle couleur verte.

~ 98 ~
Réussir la cuisson des tartes aux fruits

L'ennui avec les fruits sur les tartes, c'est qu'ils produisent du jus qui détrempe la pâte pendant la cuisson. Plusieurs astuces existent pour remédier à cela : précuire la pâte « à blanc » (sans garniture, mais en piquant préalablement le fond à la fourchette, puis en le tapissant d'un papier parchemin recouvert de haricots secs) pendant un quart d'heure à 180 °C (350 °F), ou verser sur le fond de tarte (avant de disposer les fruits) de la poudre d'amandes ou un mélange à parts égales de farine et de sucre en poudre, ou encore badigeonner le fond de tarte avec un blanc d'œuf battu en neige (encore faut-il en avoir un sous la main, mais cela peut arriver quand on fait de la pâtisserie !).

~ 99 ~
Réussir la cuisson d'une pièce de bœuf

Faire cuire une pièce de bœuf au four nécessite de préparer la viande. Comment ? Non pas en lui racontant des histoires pour l'attendrir, mais en la sortant du réfrigérateur au moins une heure avant de la mettre au four, et en la laissant reposer sur plusieurs couches de papier essuie-tout (à l'abri du chat ou du chien !).

~ 100 ~
Réussir la découpe d'un rôti de bœuf

Une fois le rôti de bœuf cuit, ne pas se précipiter pour le trancher. Il devra attendre cinq minutes, posé sur la planche à découper, recouvert d'une feuille de papier d'aluminium. Cette petite astuce permet à la viande de conserver son jus lorsqu'elle est coupée.

~ 101 ~
Réussir une mousse au chocolat

Ce sont des blancs d'œufs à température ambiante qu'il faut monter en neige : trop froids, ils ont tendance à figer le chocolat fondu, le rendant ainsi plus difficile à incorporer aux blancs. De même, les blancs ne doivent pas être battus trop ferme, car, paradoxalement, cela rendrait la mousse au chocolat trop liquide !

~ 102 ~
Tester la fraîcheur d'un œuf

Pour tester la fraîcheur d'un œuf, il serait tentant d'aller au plus simple, à savoir de l'ouvrir et de le manger. C'est une méthode, mais il y a plus agréable au palais et surtout moins risqué pour la santé. Il suffit d'avoir à portée de main un récipient rempli d'eau froide, dans lequel plonger l'œuf. Verdict : s'il reste au fond, c'est qu'il est frais, et donc comestible. S'il remonte à la surface, mieux vaut s'en débarrasser sans attendre.

~ 103 ~
Trancher les tomates comme un pro

Comment avoir de jolies tranches de tomates comme au restaurant ? Tranchées horizontalement (ou transversalement), les tomates garderont un peu de tenue dans les salades. Ne pas oublier d'ôter le cœur blanc, qui se trouve sous la collerette verte.

ENTRETIEN, MAISON

~ 104 ~
Améliorer l'efficacité d'un balai

Pour rendre à un vieux balai son efficacité, lui faire passer une nuit dans de l'eau froide salée (les poils, pas le manche!). Le lendemain, sécher et vaporiser un peu de vinaigre blanc sur la brosse. Le balai aura ainsi repris du poil de la bête.

~ 105 ~
Assouplir le cuir

Quelle désagréable sensation que celle de glisser son pied dans une chaussure dont le cuir a durci! Pour redonner leur souplesse à des chaussures mouillées qui ont séché trop près d'une source de chaleur et qui sont plus proches du carton que du cuir, frotter le cuir longuement avec de la vaseline ou de la glycérine.

~ 106 ~
Atténuer une tache d'eau de Javel

Au secours, une tache d'eau de Javel sur du tissu! Que faire? Ne pas s'énerver ni frotter frénétiquement, cela ne servirait à rien. Deux solutions se présentent: se munir d'un pinceau et passer un peu de teinture à tissu (de la même couleur que celle du tissu, tant qu'à faire...) sur la tache. Puis fixer la teinture au fer à repasser, en plaçant un linge blanc entre le fer et le vêtement. Sinon, appliquer sans attendre et directement sur la tache du combustible à fondue, qui devrait largement limiter les dégâts.

~ 107 ~
Bien fixer les boutons des vêtements

Halte aux boutons qui se décousent trop vite ! Pour les fixer, appliquer du vernis à ongles transparent sur les fils des boutons cousus.

~ 108 ~
Chasser les mauvaises odeurs des chaussures

Les chaussures ne dégagent pas toujours un parfum suave et printanier, loin de là. Pour arranger cela, placer dans les chaussures des petits sachets d'herbes aromatiques séchées, comme la lavande ou le thym. Et ne pas oublier de les enlever en se chaussant !

~ 109 ~
Chasser les odeurs de fumée ou de cigarette des vêtements

Les vêtements s'imprègnent facilement des odeurs de fumée ou de cigarette, odeurs pour le moins tenaces. Pour éliminer ces odeurs, faire tremper les vêtements dans un mélange d'eau chaude et de vinaigre blanc. Faire sécher pendant vingt-quatre heures : le vinaigre blanc aura alors neutralisé ces odeurs.

~ 110 ~
Chasser les odeurs de peinture

Après des travaux de peinture, il n'est pas rare que les odeurs persistent pendant un certain temps. Comment chasser ces odeurs entêtantes ? En plaçant dans la pièce repeinte une petite assiette garnie de mie de pain avec un demi-oignon, ou des petits bols de lait. Lorsque c'est un meuble qui vient d'être peint, on pourra y placer pendant vingt-quatre heures un oignon cru coupé en morceaux. Ne pas oublier l'oignon dans le meuble, sous peine de mauvaises surprises !

~ 111 ~
Conserver les diapositives sans qu'elles prennent l'humidité

L'humidité peut être fatale pour les diapositives. Pour les conserver sans courir le risque de perdre de précieux souvenirs, placer de la ouate dans les boîtes. Encore de belles soirées diapo en perspective : les amis vont être ravis...

~ 112 ~
Décoller de la gomme à mâcher d'un vêtement

Qui ne s'est pas déjà assis sur une gomme ? Comment la décoller alors qu'elle est tout incrustée dans le tissu ? En frottant longuement un glaçon sur l'envers du tissu, de façon à bien refroidir la gomme, qui finira par se décoller.

~ 113 ~
Défroisser vite fait un vêtement déjà porté

Certains vêtements se froissent alors qu'ils ont été à peine portés. Pour les défroisser rapidement, placer le vêtement sur un cintre, vaporiser les endroits froissés avec un peu d'eau et laisser sécher.

~ 114 ~
Désinfecter une éponge

Pour désinfecter une éponge, il faut la plonger dans un bol rempli d'eau et de vinaigre blanc et mettre le tout au four à micro-ondes pendant une minute. Désinfection radicale!

~ 115 ~
Désodoriser le réfrigérateur

Le réfrigérateur peut dégager de bien mauvaises odeurs. Pour les éliminer, placer un verre de lait ou un petit bol rempli de café moulu ou de marc de café. Cela fonctionne aussi avec du bicarbonate de soude ou du vinaigre blanc.

~ 116 ~
Supprimer les taches des vêtements avant lavage sans détachant

En panne de détachant? Quelques gouttes de savon à vaisselle pur directement sur les taches, qu'on laissera agir quelques minutes avant le lavage, feront office de détachant! Attention de ne pas en abuser tout de même, car à la longue, la laveuse pourrait en souffrir.

~ 117 ~
Détartrer le fer à repasser

Halte aux détartrants industriels et toxiques ! Le détartrage se fait avec du vinaigre blanc ajouté à l'eau du réservoir. Rincer ensuite à l'eau claire et nettoyer la semelle avec un chiffon imbibé de vinaigre blanc.

~ 118 ~
Donner de l'éclat à un miroir

Pour oser se regarder bien en face, quoi de mieux qu'un miroir éclatant et sans trace ? Et pour avoir un miroir comme neuf, passer sur toute sa surface un demi-citron ou un chiffon imbibé de jus de citron. Essuyer ensuite avec un chiffon doux. Ceux qui tiennent absolument à utiliser autre chose que du citron peuvent frotter la surface du miroir avec une pomme de terre coupée en deux, puis passer un chiffon imbibé d'un mélange de combustible à fondue et d'eau (150 ml [⅔ de tasse] de combustible à fondue pour 1 litre [4 tasses] d'eau), et enfin, essuyer avec un chiffon doux et sec.

~ 119 ~
Effacer la marque d'un ourlet

Une fois l'ourlet décousu, la marque de celui-ci reste sur le vêtement. Pour la faire disparaître, placer une feuille de papier d'aluminium sur l'ancien pli de l'ourlet et repasser le vêtement. Pour finir, tapoter l'envers de l'ancien ourlet avec un tissu imbibé d'ammoniaque. (Attention! À ne pas faire s'il s'agit d'un vêtement en laine!) L'ancien ourlet ne sera plus qu'un vague souvenir...

~ 120 ~
Effacer les taches de crayon-feutre sur un vêtement

Avant de laver le vêtement taché à la machine, procéder de la manière suivante: vaporiser un peu de fixatif à cheveux, laisser sécher quelques instants. Puis frotter la tache avec du vinaigre blanc et brosser.

~ 121 ~
Effacer les traces de doigts sur du papier peint

Des traces de doigts sur du papier fraîchement posé? Qui est le coupable? Celui qui a posé le papier peint... ou l'inspecteur des travaux finis qui a voulu vérifier que le papier peint était correctement posé! Pour faire disparaître ces petites marques, il suffit de les frotter doucement avec de la mie de pain.

~ 122 ~
Effacer les traces de marqueur

Le marqueur s'élimine en tamponnant les traces avec un chiffon imbibé de combustible à fondue. Même combat avec les traces de rouge à lèvres.

~ 123 ~
Éliminer des traces d'autocollants

Qui n'a pas collé des autocollants partout ? Qui s'est ensuite épuisé à essayer d'en enlever les traces ? Pas facile. Vaporiser du fixatif à cheveux, attendre une dizaine de minutes, puis gratter délicatement avec un grattoir métallique. La vieille colle ne résistera pas.

~ 124 ~
Éliminer la rouille sur les clefs

Des clefs rouillées ? Un bain de vingt-quatre heures dans du cola éliminera totalement les traces de rouille !

~ 125 ~
Éliminer le calcaire d'un évier
en acier inoxydable

L'acier inoxydable des éviers est très souvent blanchi par le calcaire qui réapparaît trop vite : pour faire disparaître le calcaire, frotter l'évier avec un chiffon imbibé de combustible à fondue ou de vinaigre blanc.

~ 126 ~
Éliminer les auréoles sur
un meuble ciré

Quel distrait a posé sa tasse de thé ou son verre d'eau sur du bois ciré sans sous-verre ? Qu'il se dénonce sur-le-champ ! Ou qu'il répare lui-même les dégâts qu'il a occasionnés : il appliquera sur l'auréole un mélange de gros sel et d'huile végétale, fera pénétrer et laissera agir cinq minutes, puis enlèvera le surplus.

~ 127 ~
Éliminer les marques de stylo à bille sur un vêtement

Pour effacer des marques de stylo à bille sur un vêtement, les badigeonner de jus de citron pur, ou faire tremper le vêtement dans du lait, avant de le laver. Ou frotter avec de l'alcool à friction.

~ 128 ~
Éliminer les mauvaises odeurs de l'évier

Le réfrigérateur et le placard plein de chaussures ne sont pas les seuls concernés par les mauvaises odeurs. L'évier aussi ! Pour éliminer les odeurs désagréables, un traitement de choc s'impose : commencer par frotter un demi-citron sur toute la surface de l'évier. Puis verser 30 ml (2 c. à soupe) de marc de café dans l'évier et faire couler l'eau abondamment. Le marc de café est excellent pour neutraliser les odeurs remontant des tuyaux.

~ 129 ~
Éliminer les taches de fruit sur le tissu

Certains fruits, les plus acides, sont particulièrement salissants. Pour éliminer les taches laissées par les fruits, frotter celles-ci avec un linge imbibé d'un mélange à parts égales de jus de citron, de vinaigre blanc et d'alcool à 90 %.

~ 130 ~
Éliminer les taches de graisse
sur les vêtements

Généralement, la graisse sur du tissu s'élimine en appliquant un peu de savon à vaisselle ou en frottant la tache au pain de savon, avant le passage dans la laveuse. Pour la laine, c'est du blanc d'œuf (cru !) qu'il faut appliquer directement sur la tache et laisser agir avant de rincer à l'eau froide. Si la tache n'est pas complètement partie, frotter délicatement avec un peu d'alcool à 90 %. Enfin, laver le vêtement comme d'habitude.

~ 131 ~
Éliminer une tache de chocolat
sur un vêtement

Avoir un faible pour le chocolat n'est pas interdit. Il vaut toutefois mieux ne pas se faire de taches de chocolat sur ses vêtements. Au cas où cela arriverait quand même, éponger ou gratter la tache, puis la frotter avec un tissu propre imbibé d'eau savonneuse (eau et savon à vaisselle, ou eau et pain de savon).

La tache devrait partir ensuite au lavage à la machine. Si elle résiste, appliquer au chiffon de l'eau additionnée d'ammoniaque (à proportion de 15 ml [1 c. à soupe] dans un verre d'eau). Si elle n'est toujours pas éliminée, nettoyer avec de l'eau mélangée à autant de vinaigre blanc.

~ 132 ~
Éliminer une tache de gras sur du bois

Le gras peut s'incruster dans du bois... pour l'enlever, du lait chaud fera un détachant idéal. C'est tout simple : frotter la tache avec une éponge imbibée de lait chaud, puis sécher avec un chiffon doux et sec.

~ 133 ~
Éliminer une tache de rouille sur un vêtement

Il n'y a pas que le fer qui peut être taché de rouille : les tissus aussi. Le moyen infaillible pour ôter ces petits points disgracieux est de verser dessus un mélange de sel et de jus de citron et de frotter. Puis imbiber d'eau savonneuse et frotter à nouveau. Enfin, rincer comme il faut. La rouille se sera volatilisée.

~ 134 ~
Éliminer les traces d'urine de chat ou de chien sur la moquette

À défaut de pouvoir empêcher le chat ou le chien de faire pipi sur le tapis ou la moquette, il faut au moins pouvoir supprimer les traces d'urine une fois que le mal est fait. Pour ce faire, verser de l'eau pétillante directement sur les traces, qui disparaîtront.

~ 135 ~
Empêcher une bouilloire électrique de s'entartrer

Dites adieu au tartre dans la bouilloire! Le détartrage de la bouilloire se fait à l'eau additionnée de vinaigre blanc. Faire bouillir, puis rincer plusieurs fois. Et pour prévenir la formation du tartre, une coquille d'huître bien propre posée au fond de la bouilloire fera un anticalcaire très efficace, puisque le calcaire se déposera sur la coquille.

~ 136 ~
Empêcher un fauteuil en rotin ou en osier de grincer

Un fauteuil en rotin ou en osier qui grince? C'est généralement la conséquence du dessèchement des fibres végétales. Si la rénovation (truc n° 196) n'a pas suffi, repérer les endroits du fauteuil qui grincent et y appliquer de la vaseline ou de la paraffine, puis enlever le surplus ou les petites coulures.

~ 137 ~
Enfiler facilement du fil dans une aiguille

Voici une petite astuce pour arriver à enfiler un fil récalcitrant dans le chas de l'aiguille sans s'énerver : passer l'extrémité du fil sur un bâton de colle. Le fil sera ainsi rigide et se glissera facilement dans le chas.

~ 138 ~
Enlever des marques de stylo à bille sur un fauteuil en cuir

Un petit tannant a écrit au stylo à bille sur le fauteuil en cuir ? Mettre un peu de fixatif à cheveux sur un coton-tige et repasser sur la trace de stylo. Puis réprimander le coquin.

~ 139 ~
Enlever du goudron des surfaces dures

Le goudron sera éliminé des surfaces dures simplement avec... du beurre ! Incroyable, mais vrai ! Se munir d'un chiffon doux imbibé de beurre et frotter les taches jusqu'à ce qu'elles disparaissent.

~ 140 ~
Enlever la cire des meubles

Par goût ou par esprit de contradiction, on peut décider qu'un meuble ciré sera bien plus joli verni. Cela signifie qu'il faut débarrasser le meuble de sa cire avant de le vernir. Pour ce faire, frotter le meuble avec un chiffon imbibé de combustible à fondue. Le meuble sera ensuite prêt à être verni (ou ciré à nouveau en cas de changement d'avis à la dernière minute).

~ 141 ~
Enlever les taches d'herbe
sur un vêtement

On imagine toujours que les taches d'herbe sont indélébiles. On regretterait presque de s'être roulé copieusement dans l'herbe. En fait, il n'en est rien, heureusement. Pour faire disparaître les taches d'herbe, humidifier la zone concernée à l'eau froide, puis saupoudrer de sucre en poudre et laver à la machine.

~ 142 ~
Enlever une tache de vin rouge
sur un vêtement

La croyance populaire prétend qu'il faut verser immédiatement du sel fin sur une tache de vin. Surtout pas, car le sel fixe les taches! Mieux vaut utiliser de l'eau froide, frotter la tache ou faire tremper le vêtement taché dans l'eau froide avant un lavage à la machine. L'eau pétillante fonctionne également très bien, de même que le vin blanc.

~ 143 ~
Entretenir et nourrir le cuir

Pour entretenir et nourrir les vêtements, accessoires, canapés et fauteuils en cuir, le cirage n'est pas indispensable. Le lait corporel hydratant ou démaquillant remplace avantageusement le cirage: il suffit de l'appliquer avec un linge en coton, de le laisser sécher, puis de lustrer avec un chiffon. Le petit plus est de faire précéder cette application cosmétique d'un nettoyage au lait (à boire) en frottant doucement avec un chiffon doux. Pour nettoyer les cuirs pâles, on peut procéder différemment, en imbibant un chiffon de laine de blanc d'œuf battu en neige, puis en lustrant bien. Pour redonner de l'éclat à un sac en cuir, nettoyer d'abord en frottant doucement avec un chiffon imbibé d'eau vinaigrée, puis appliquer un mélange de blanc d'œuf légèrement battu additionné de 15 ml (1 c. à soupe) d'essence de térébenthine.

~ 144 ~
Entretenir les bijoux

C'est l'humidité qui est à l'origine de l'oxydation des bijoux. Pour absorber l'humidité, placer quelques morceaux de craie dans la boîte à bijoux. Et pour leur redonner de l'éclat, un petit nettoyage à l'eau savonneuse ou même au dentifrice avec une vieille brosse à dents sera très efficace.

~ 145 ~
Entretenir les bijoux de perles

Les perles s'entretiennent de manière bien particulière, puisqu'elles doivent régulièrement être baignées dans de l'eau minérale, puis frottées légèrement et essuyées avec un chiffon doux. De plus, elles se détériorent autant dans l'obscurité qu'au soleil intense : mieux vaut les porter régulièrement, et ne surtout pas les ranger à proximité d'une source de chaleur, qui pourrait les craqueler.

~ 146 ~
Entretenir les bijoux en argent

Les bijoux en argent doivent être nettoyés régulièrement pour qu'ils retrouvent leur couleur et leur éclat d'origine : soit en les frottant avec une brosse souple et de l'eau savonneuse, soit avec du dentifrice sur une vieille brosse à dents en rinçant soigneusement et en séchant avec un chiffon doux, soit en les faisant tremper dans du combustible à fondue quelques instants, soit en leur appliquant, en frottant, une pâte maison, mélange d'eau et de bicarbonate de soude, puis en rinçant.

~ 147 ~
Entretenir les chaussures en cuir

Pourquoi utiliser systématiquement du cirage, alors qu'une peau de banane est tout aussi efficace ? Il suffit en effet de frotter les chaussures avec l'intérieur de la peau, de laisser agir pendant une minute, puis de faire briller avec un chiffon laineux (sans oublier de ne pas laisser traîner la peau de banane par terre...).

~ 148 ~
Entretenir la théière

L'humidité qui reste à l'intérieur de la théière peut tout gâcher en donnant au thé un arrière-goût de moisi... Pour éviter ce désagrément, placer un morceau de sucre dans la théière après usage.

~ 149 ~
Essorer la lingerie en douceur

L'essorage de la lingerie à la laveuse n'est pas sans risque : pour un essorage de la lingerie à la fois efficace et doux, placer celle-ci dans l'essoreuse à salade !

~ 150 ~
Éviter la formation de buée sur les miroirs

Pour empêcher la buée de se déposer sur les miroirs, rien de tel que de leur passer un savon ! Il faut en effet enduire la surface des miroirs avec du savon en pain, puis frotter avec un chiffon bien propre et non pelucheux. À renouveler toutes les trois semaines environ.

~ 151 ~
Éviter les taches de moisissure sur le rideau de douche

Les moisissures adorent les rideaux de douche. Pour les empêcher de s'y installer et avant de fixer le rideau, faire tremper celui-ci pendant plusieurs heures dans de l'eau très salée.

~ 152 ~
Éviter les traces de calcaire sur les verres

Les traces de calcaire sur les verres, c'est loin d'être décoratif. Comment les empêcher d'apparaître ? En lavant les verres à l'eau chaude additionnée de vinaigre blanc, puis en les rinçant à l'eau froide, et en les faisant sécher sur un linge à vaisselle.

~ 153 ~
Faire briller la tuyauterie sans eau ni produit

Les robinets retrouveront leur brillant si on les frotte simplement avec du papier journal.

~ 154 ~
Faire briller le cuivre au naturel

Le cuivre, c'est nettement plus joli quand ça brille bien. Pour lustrer casseroles et ustensiles divers et variés, frotter avec un demi-citron ou avec un chiffon imprégné d'un mélange de vinaigre blanc et de sel. Sécher avec un chiffon doux. Et pour la touche finale, passer une fine couche de cire incolore et lustrer. Splendide !

~ 155 ~
Faire briller les meubles en bois avec un produit maison

Les meubles en bois peuvent ternir. Pour leur redonner de l'éclat, appliquer au chiffon doux un mélange composé de 125 ml (½ tasse) d'huile d'olive, du jus d'un citron et de quelques gouttes d'huile essentielle de citron. Ce mélange se conserve d'ailleurs très bien au réfrigérateur.

~ 156 ~
Faire disparaître des traces de marqueur permanent

Le marqueur permanent, une belle invention qui ne s'efface pas ? En cas d'accident, frotter une pelure d'orange sur la trace, qui devrait s'atténuer, voire disparaître.

~ 157 ~
Faire disparaître une tache de café sur un tapis

Du café renversé sur la moquette ou pire encore, sur le magnifique tapis persan ? Poser sans attendre du papier essuie-tout sur la tache, puis tapoter sans frotter avec un linge trempé dans un mélange à parts égales d'eau et de vinaigre blanc. Rincer à l'eau froide. Si la tache est vraiment tenace malgré ce traitement de choc, tapoter la tache avec un linge imprégné d'un mélange à parts égales de vinaigre blanc et d'alcool à 90 %.

~ 158 ~
Faire disparaître une tache de café sur un vêtement

L'important en cas de grosse maladresse avec une tasse de café, c'est d'agir vite !

Rincer le tissu avec du lait froid ou de l'eau froide additionnée de sel ou de vinaigre blanc et la tache devrait disparaître. Pour un vêtement en soie, plonger celui-ci dans de l'eau savonneuse tiède et frotter.

~ 159 ~
Faire disparaître une tache d'encre sur du bois

Si un indélicat a posé un stylo qui fuit sur un meuble en bois et qu'il y a une tache, passer sur celle-ci un chiffon imbibé d'eau additionnée d'eau de Javel. Laisser agir quelques minutes, rincer à l'eau claire et laisser sécher. Si la tache n'est pas complètement partie, frotter doucement avec de la laine d'acier.

~ 160 ~
Faire partir des traces d'eau sur du bois

Les traces d'eau sur un meuble en bois s'éliminent en les frottant, à plusieurs reprises si nécessaire, avec de l'huile d'olive.

~ 161 ~
Laver une couette à la machine

Pour laver une couette à la machine, encore faut-il déjà réussir à la faire entrer dans la laveuse! Pour ce faire, il faut la plier soigneusement en accordéon. Et pour un lavage plus efficace et sans entassement, glisser dans le tambour deux ou trois balles de tennis.

~ 162 ~
Lester un vase trop léger

Un bouquet trop lourd pour le vase et c'est la catastrophe ! Comment faire en sorte que le vase soit lesté et ne tombe plus sous le poids des fleurs ? Il suffit de mettre au fond du vase quelques galets, du gravier, ou des billes, qui feront office de lest, et seront magnifiques dans les vases transparents.

~ 163 ~
Nettoyer l'argenterie
sans produit chimique

Pour éviter de passer un après-midi à nettoyer l'argenterie, qui plus est avec un produit décapant et très malodorant, envelopper les objets à nettoyer dans du papier d'aluminium en laissant une petite ouverture. Faire bouillir de l'eau additionnée de bicarbonate de soude (30 à 45 ml [2 à 3 c. à soupe] selon la taille de la casserole), y plonger les papillotes argentées. Laisser reposer environ une heure : un résidu noir se sera déposé sur le papier d'aluminium. Renouveler l'opération si le résultat n'est pas parfait.

~ 164 ~
Nettoyer le four à micro-ondes

Le four à micro-ondes se nettoie en un tour de main : en y chauffant une tasse d'eau additionnée de jus de citron, pendant une à deux minutes. Passer ensuite un petit coup d'éponge. Et c'est tout !

~ 165 ~
Nettoyer le paillasson

Pour nettoyer le paillasson, y déposer une fine couche de marc de café encore humide. Laisser sécher, et brosser vigoureusement le paillasson à la brosse dure. Et après, il n'y a plus qu'à essuyer à nouveau les chaussures sales dessus!

~ 166 ~
Nettoyer le cuivre

Pour nettoyer le cuivre, mélanger un blanc d'œuf avec de la farine et ajouter du vinaigre blanc, de façon à obtenir une pâte de la consistance du dentifrice. Recouvrir l'intérieur et l'extérieur de l'ustensile avec cette préparation, frotter doucement et rincer à l'eau claire.

~ 167 ~
Nettoyer les objets en étain

Quand l'étain a terni, c'est d'une bonne petite bière qu'il a besoin! Faire chauffer de la bière dans une casserole, puis en imbiber un tampon d'ouate et le passer sur les objets à nettoyer. Ils seront comme neufs!

~ 168 ~
Nettoyer les portes blanches

Pour faire disparaître les vilaines traces noires des portes blanches ou pâles, frotter avec une pomme de terre coupée en deux, puis rincer.

~ 169 ~
Nettoyer les tasses en porcelaine

Le thé ou le café peuvent laisser sur la porcelaine des traces brunâtres, dont on peut se débarrasser de plusieurs manières : soit en frottant les tasses avec une éponge mouillée saupoudrée de bicarbonate de soude, ou trempée dans un mélange à parts égales de sel et de vinaigre blanc, soit en laissant tremper la vaisselle pendant une nuit dans une préparation composée de 125 ml (½ tasse) d'eau de Javel et de 2 litres (8 tasses) d'eau.

~ 170 ~
Nettoyer les vitres sans détergent

Nettoyer les vitres sans détergent, c'est possible ? Oui, juste avec du papier journal ! Pour redonner de l'éclat aux carreaux, le papier journal fait des miracles : rien à faire d'autre que l'humidifier légèrement, puis le frotter vigoureusement sur les vitres, et le tour est joué. En cas de pénurie de papier journal, le mélange eau-vinaigre blanc (une part de vinaigre blanc pour trois parts d'eau) passé à l'éponge, puis essuyé au chiffon sec fait aussi parfaitement l'affaire.

~ 171 ~
Nettoyer un CD rayé

Un CD rayé devenu inaudible parce qu'il saute, cela peut s'arranger. Mettre du lait de toilette sur un linge en coton et le passer sur toute la surface du disque, jusqu'à épuisement du lait. À noter que ceci ne fonctionne que pour des rayures superficielles. Pour des rayures en profondeur... malheureusement, c'est fichu !

~ 172 ~
Nettoyer un vase

Pour nettoyer un vase au col étroit en verre ou en faïence, il suffit d'y verser du gros sel, puis un peu d'eau et du vinaigre blanc. Faire tourner énergiquement et la saleté va se décoller des parois du vase.

~ 173 ~
Ôter les taches de surligneur sur les vêtements

Les surligneurs fluorescents sont amusants et bien pratiques, mais font aussi des taches... qui s'enlèvent en faisant tremper le vêtement dans du lait et en frottant bien la tache.

~ 174 ~
Parfumer le linge de maison en douceur et à peu de frais

Les draps et serviettes parfumés à la vraie lavande, ça n'existe plus ? C'est faux ! Pour parfumer soi-même son linge de maison à la lavande, faire une infusion forte de lavande. Bien la filtrer puis la mélanger avec du vinaigre blanc et la verser dans le bac à adoucissant de la laveuse, à raison de 60 ml (¼ de tasse) pour une brassée.

~ 175 ~
Parfumer naturellement la maison

La cannelle a plus d'un tour dans son sac : elle parfume délicieusement la maison. Pour profiter des effluves chauds et épicés de la cannelle, en mettre un peu dans une casserole, ajouter de l'eau, et faire bouillir pendant cinq minutes. Laisser la vapeur parfumée se diffuser un peu partout.

~ 176 ~
Préparer un désodorisant naturel

Les mauvaises odeurs ne s'éliminent pas uniquement à grandes pulvérisations de désodorisant industriel : plusieurs petites astuces existent pour s'en débarrasser. Placer dans la maison des petits bols remplis de lait ou de café moulu (ou de marc de café séché) ou encore de moutarde sèche.

~ 177 ~
Préserver la baignoire du tartre

Pour éviter l'apparition de tartre sur la baignoire, mieux vaut la nettoyer une fois par semaine avec une éponge imbibée d'un mélange, en parts égales, d'eau chaude et de vinaigre blanc.

~ 178 ~
Préserver les fleurs séchées

Un bouquet de fleurs séchées, c'est joli, mais, paraît-il, pas très Feng Shui... Pour préserver ces fleurs, il est nécessaire de les dépoussiérer, puis de les vaporiser d'un peu de fixatif à cheveux, qui les solidifiera.

~ 179 ~
Préserver les poils d'un lainage
en angora

Le ravissant chandail ou la moelleuse écharpe en angora perdent leurs poils un peu partout? Un petit passage au frais mettra fin à cette hécatombe. Glisser le lainage dans un sac en plastique et le placer pendant quelques heures au réfrigérateur.

~ 180 ~
Prolonger la combustion des bougies

Pour avoir des bougies qui durent plus longtemps, conserver celles-ci au réfrigérateur. Ce séjour au froid ralentira très nettement leur combustion et les empêchera de couler.

~ 181 ~
Rafistoler un ourlet décousu

Un pantalon trop prestement enfilé, et crac, l'ourlet qui se découd? Pas le temps de se mettre à l'ouvrage? Un petit rafistolage express et temporaire s'impose: utiliser pour ce faire du vernis incolore, passé en guise de colle par petites touches sur les parties décousues.

~ 182 ~
Ranger correctement ses bottes

Pour être bien droit dans ses bottes, encore faut-il que celles-ci soient bien rangées, sous peine de les voir se déformer. Rouler deux magazines ou se garder deux bouteilles vides d'eau minérale ou de vin et les insérer dans chaque botte.

~ 183 ~
Ranger les chapeaux

Pour ranger les chapeaux sans qu'ils se déforment, il suffit de les placer à l'envers, la tête en bas ! Ils garderont toute leur tenue.

~ 184 ~
Raviver la couleur des meubles vernis

Pour redonner de l'éclat à un meuble verni envahi par la poussière, la graisse et d'autres saletés, le frotter avec un chiffon imbibé de café froid.

~ 185 ~
Raviver les cartes à jouer

Les cartes à jouer qui ne glissent plus, c'est la hantise du joueur de poker ! Pour les rendre moins accrocheuses, leur appliquer du talc, puis les essuyer soigneusement. Et c'est reparti pour un tour !

~ 186 ~

Raviver un feu de foyer

Lorsque la flambée perd de sa superbe, jeter une poignée de gros sel dans l'âtre. Le feu reprendra de la vigueur.

~ 187 ~

Raviver un meuble sale

Comment raviver un meuble sale? En préparant une petite mixture à base de blanc d'œuf battu et de jus de citron, à appliquer avec un chiffon préalablement imbibé de vinaigre blanc.

~ 188 ~

Raviver un tapis

Les tapis ont besoin d'un petit nettoyage de temps à autre. Pour éviter d'utiliser du shampoing à moquettes, il est tout à fait possible de recourir au gros sel, en en saupoudrant le tapis, puis en laissant agir pendant une heure. Enfin, brosser et passer un coup d'aspirateur.

~ 189 ~

Recoller une page déchirée

Le ruban adhésif n'est pas l'idéal pour recoller une page déchirée. Il jaunit et il faut quand même être assez adroit pour le poser sans encombre. Il existe une autre technique, à base de blanc d'œuf, qu'il faut appliquer au pinceau fin sur les bords des parties déchirées. Replacer délicatement et laisser sécher.

~ 190 ~
Récupérer le fond de la boîte de cirage

Le cirage coincé dans les interstices de la boîte métallique peut être récupéré, tout simplement en posant celle-ci à proximité d'une source de chaleur.

~ 191 ~
Redonner de la douceur à un lainage

Pour donner de la douceur et du moelleux à un lainage (chandail, veste, écharpe...), ajouter quelques gouttes de glycérine à l'eau de lavage.

~ 192 ~
Remédier au grincement du plancher

Le parquet grince, impossible d'être discret, même en marchant sur la pointe des pieds ? Pour remédier à cela, faire pénétrer du talc dans les interstices.

~ 193 ~
Redonner sa forme à une balle de tennis de table

La dernière balle de tennis de table est toute cabossée ? Faire bouillir de l'eau et y plonger la balle déformée quelques minutes. Elle sera alors bien sphérique, prête à reprendre du service et des coups de raquette !

~ 194 ~
Rendre le linge de maison plus doux sans adoucissant

Pour adoucir draps et serviettes sans produit industriel, rien de tel que le vinaigre blanc. Verser 125 ml (½ tasse) dans le bac à adoucissant de la laveuse et le linge en sortira comme neuf (et sans aucune odeur de vinaigre !).

~ 195 ~
Rénover des objets en plastique jauni

Avec le temps, va, tout s'en va… et le plastique jaunit. Pour rajeunir le plastique jauni, le faire tremper une nuit entière dans un récipient contenant de l'eau additionnée de jus de citron. Le lendemain, rincer à l'eau claire. L'eau citronnée aura eu raison du jaunissement.

~ 196 ~
Rénover le rotin ou le bambou

Le rotin, tout comme le bambou, doit être régulièrement entretenu pour ne pas ternir ni sécher. Pour ce faire, mélanger 60 ml (¼ de tasse) d'huile de lin et 15 ml (1 c. à soupe) de térébenthine dans 1 litre (4 tasses) d'eau chaude. Bien émulsionner et frotter le rotin ou le bambou avec un chiffon imprégné de cette solution maison. Rincer à l'eau froide et sécher.

~ 197 ~
Rénover une fermeture éclair

Pour actionner plus facilement une fermeture à glissière, l'enduire d'un peu de paraffine ou la frotter avec un morceau de savon ou une bougie.

~ 198 ~
Réparer une porcelaine fêlée

Le meilleur moyen pour réparer une porcelaine fêlée est de placer l'objet dans une casserole, de le recouvrir de lait et de faire bouillir pendant trente minutes, en veillant à ce que l'objet ne cogne pas contre la casserole pendant l'ébullition. Au bout de ce laps de temps, la fêlure aura disparu.

~ 199 ~
Repousser les mites

Les mites font de vilains trous dans les vêtements, et il n'est pas si simple de s'en débarrasser une fois qu'elles ont investi les armoires. Plusieurs répulsifs naturels peuvent être utilisés pour chasser ces petits lépidoptères : placer un petit bol de clous de girofle dans les placards, ou des branches de menthe séchée ou des sachets de lavande. Sinon, mettre quelques gouttes d'huile essentielle de cèdre sur un morceau de bois qu'on laissera dans le placard.

~ 200 ~
Réussir le ficelage d'un colis

Pour ficeler correctement un colis, mouiller la ficelle avant de s'en servir. En séchant, elle se resserrera et assurera ainsi un maintien parfait.

~ 201 ~
Stopper une maille à un collant ou un bas filé

Un truc qui fonctionne à tout coup pour empêcher un collant ou un bas de filer davantage : mettre un peu de vernis à ongles incolore sur le petit trou. Les dégâts seront ainsi limités.

~ 202 ~
Supprimer les traces de moisissure sur un mur

L'ennemi juré des traces de moisissure, c'est l'eau de Javel. Pour supprimer les traces de moisissure sur un mur, mélanger de l'eau et de l'eau de Javel, et vaporiser les parties à traiter. Laisser agir, puis frotter avec une brosse et essuyer. Le vinaigre blanc convient également.

~ 203 ~
Transporter un chapeau

Évidemment, pour transporter un chapeau, le mieux est de le placer dans une boîte à chapeaux. Mais de nos jours, la boîte à chapeaux est presque un luxe. Gonfler un sac à ordures et mettre le chapeau dedans : il sera à l'abri des coups et pourra même ainsi voyager dans une valise !

~ 204 ~
Venir à bout du calcaire à la base d'un robinet

Le calcaire logé à la base des robinets est difficile à déloger : pour un détartrage sans effort, enrouler un mouchoir de papier trempé dans du vinaigre blanc à la base du robinet et l'y laisser pendant deux heures. Rincer. Calcaire éliminé !

JARDIN, BALCON, ANIMAUX

~ 205 ~
Accélérer la pousse des graines

La germination des semences en terre sera accélérée si on les fait tremper dans de l'eau à température ambiante pendant au moins deux heures.

~ 206 ~
Ameublir la terre d'une plante d'intérieur

La terre des plantes d'intérieur s'assèche et durcit assez rapidement. Dans ce cas, verser quelques gouttes d'huile d'olive directement dans la terre, qui sera ameublie et favorisera ainsi l'épanouissement de la plante.

~ 207 ~
Arroser les plantes au bon moment

L'arrosage des plantes d'extérieur ne doit pas se faire à tort et à travers. En été, il ne faut surtout pas arroser pendant la journée, lorsque les plantes sont en plein soleil: le reflet du soleil risque de les brûler et l'évaporation empêchera les plantes de s'hydrater à plein régime. Le mieux est donc d'arroser en fin de journée en été, ou le matin très tôt en automne et au printemps.

~ 208 ~
Arroser les plantes
lors d'une absence prolongée

Partir en vacances, quelle joie! Mais encore faut-il penser à l'arrosage des plantes. En l'absence de voisin serviable, comment faire pour que les plantes ne dépérissent pas? L'idéal est d'opter pour les contenants dotés d'une réserve d'eau, qui évitent d'arroser pendant environ trois semaines. Mais ces pots ne sont pas adaptés à toutes les plantes, dont les racines peuvent y pourrir. Fabriquer dans ce cas un goutte-à-goutte maison. Pour cela, faire un petit trou dans le bouchon d'une bouteille d'eau minérale pleine d'eau claire, et l'enfoncer dans la terre.

~ 209 ~
Chasser les fourmis
des arbres fruitiers

Comment déloger les colonies de fourmis qui envahissent les arbres fruitiers? Faire macérer plusieurs jours du tabac dans de l'eau, puis faire tremper dans cette décoction une longue ficelle, qu'on enroulera bien serrée autour du tronc de l'arbre, jusqu'à dix à quinze centimètres du sol.

~ 210 ~
Chasser les moustiques de la terrasse sans insecticide chimique

Pas question de laisser les moustiques gâcher un dîner estival sur la terrasse ou dans la cour! Pour les repousser efficacement, faire brûler du bois vert et des aromates, comme du basilic et de la citronnelle. Les boîtes d'œufs en carton, lorsqu'elles se consument, sont aussi un répulsif qui fonctionne bien.

~ 211 ~
Chasser les oiseaux des cerisiers

Pour chasser les oiseaux, récupérer deux ou trois boîtes de conserve vides, enlever le fond des boîtes ainsi que l'étiquette, puis les suspendre dans les branches. Les oiseaux seront effrayés par le reflet du soleil sur le métal des boîtes, mais aussi par le bruit de l'air s'engouffrant dedans.

~ 212 ~
Chasser les oiseaux des plants de tomates

Les oiseaux peuvent être tentés par les tomates. Pour détourner leur attention, placer de petits bols d'eau près des plants: les oiseaux viendront s'y désaltérer et épargneront ainsi les tomates.

~ 213 ~
Chasser les puces de la niche du chien

La niche du chien est pleine de puces ? Bien nettoyer la niche à l'eau salée, puis la traiter avec quelques gouttes d'huile essentielle de lavande.

~ 214 ~
Collecter les eaux de pluie pour l'arrosage

Les eaux de pluie, collectées avec des cuves ou des barils adaptés placés à la sortie des gouttières, pourront servir à arroser le jardin, et contribueront ainsi à faire de substantielles économies d'eau. Couvercle requis, autrement vous risqueriez de créer un endroit parfait pour la ponte des moustiques.

~ 215 ~
Conserver les cendres de cheminée

Les cendres de cheminée, issues de bois non peint et non traité, peuvent être conservées et entreposées à l'abri de l'humidité : au printemps ou en automne, les cendres pourront être réutilisées en petite quantité comme engrais naturel, apportant aux plantes du calcium, du magnésium et du phosphore notamment.

~ 216 ~
Conserver les fleurs coupées

Les fleurs coupées sont ravissantes, mais se fanent trop vite. Pour conserver un bouquet de fleurs bien éclatant, mettre dans l'eau du vase quelques gouttes d'eau de Javel, ou un peu de sucre.

~ 217 ~
Cultiver des plants de tomates en pleine forme

Voici quelques astuces pour faire pousser de magnifiques plants de tomates : au moment de les planter, mettre une poignée de coquilles d'œufs dans le trou. Et dès le lendemain, prendre soin d'enlever les feuilles du bas du pied.

~ 218 ~
Désherber l'allée ou le potager

L'eau de cuisson des pommes de terre ou des pâtes encore bouillante est un désherbant naturel et particulièrement efficace pour désherber une allée recouverte de dalles ou de gravier.

~ 219 ~
Économiser l'eau et l'engrais

Les aquariophiles le savent probablement : les déjections de leurs poissons sont transformées en nitrates par les bactéries vivant dans le filtre de l'aquarium. Et les nitrates... ça fertilise la terre. Alors, au moment de changer l'eau de l'aquarium, autant s'en servir pour arroser les plantes d'intérieur.

~ 220 ~
Éloigner les araignées rouges des tomates

Les tomates peuvent être infestées de petites araignées rouges. Pour les éradiquer, plonger dans de l'eau bouillante des tiges et des pelures d'oignon. Couvrir et laisser reposer. Filtrer au bout de deux heures d'infusion et arroser les plants avec cette décoction.

~ 221 ~
Éloigner les chats de certains endroits du jardin

Les chats peuvent faire du dégât dans un jardin. Pour les éloigner de certaines zones, diluer de la moutarde dans de l'eau et en vaporiser les endroits interdits aux chats. Ils détestent l'odeur de la moutarde !

~ 222 ~
Éliminer le calcaire des plantes d'intérieur

L'eau d'arrosage, si elle est trop calcaire, finit par abîmer les plantes et les empêche de croître dans de bonnes conditions. Pour un arrosage tout en douceur, ajouter un peu de vinaigre de vin à de l'eau tiède ou à l'eau de cuisson des légumes (refroidie).

~ 223 ~
Éliminer les chenilles

La ciboulette constitue une arme de dissuasion massive pour les chenilles qui envahissent les troncs d'arbres. Il suffit d'en planter au pied des arbres concernés. Et attention, surtout ne pas toucher aux chenilles, qui provoquent parfois des réactions allergiques graves !

~ 224 ~
Entretenir la santé des plantes naturellement

La thalassothérapie, ça fait un bien fou ! Les algues sont les alliées de notre santé… et de celle de nos plantes. Lors des promenades sur la plage (ou en demandant gentiment au poissonnier d'en mettre de côté), ramasser des algues. Les laisser fermenter pendant une semaine dans un seau (pas dans le salon, car ça sent très mauvais !) et étaler directement sur la terre. Les laisser reposer pendant trois à quatre jours et retourner la terre. Renouveler l'opération plusieurs fois, à intervalles réguliers (deux à trois jours). La terre sera naturellement fertilisée.

~ 225 ~
Entretenir les cactus

Les cactus détestent la poussière, qui les gêne pour absorber correctement la lumière. Il est donc indispensable de les dépoussiérer soigneusement, soit en passant entre les piquants un petit pinceau ou une petite brosse à poils souples ou même un vieux pinceau de maquillage, soit en utilisant un séchoir à cheveux (pas trop chaud).

~ 226 ~
Entretenir les plantes d'intérieur

La plupart des plantes d'intérieur ont besoin d'être arrosées régulièrement, d'être nourries et fortifiées : en ajoutant à l'eau d'arrosage une très petite quantité de cendres de bois, et même en les arrosant avec l'eau de cuisson des œufs durs ou des légumes, vous obtiendrez des plantes d'intérieur bien vigoureuses.

~ 227 ~
Éviter le recours aux insecticides

Autant que possible, il faut éviter de recourir aux insecticides chimiques : l'eau savonneuse en pulvérisation, si possible parfumée à l'essence de citronnelle, chasse efficacement de nombreux petits insectes des plantes. Autre possibilité : la sciure de bois de chêne ajoutée à l'eau d'arrosage.

~ 228 ~
Éviter l'évaporation de l'eau des jardinières

Pour empêcher l'eau des jardinières de s'évaporer trop rapidement, placer sur la surface du terreau des morceaux d'écorce. Ils aideront à retenir l'eau. Quant à ceux qui détestent jeter les éponges, ils pourront garder celles-ci et les placer au fond de leurs jardinières, avant d'y mettre la terre.

~ 229 ~
Éviter que les plantes ne jaunissent en hiver

L'hiver, le manque de lumière tend à faire jaunir les plantes. Pour éviter cela, déposer sur la terre légèrement humide du marc de café mélangé à du sucre en poudre. Puis arroser modérément, mais régulièrement, de façon à ce que la terre reste humide, sans plus.

~ 230 ~
Éviter que les racines d'une plante trempent dans l'eau

Les racines d'une plante en pot ne doivent en aucun cas tremper dans l'eau, sous peine de pourrissement! Pour éviter ce trop-plein d'eau, avant de mettre la plante en pot, disposer une couche de gravier au fond du pot. Le gravier retiendra l'humidité sans excès d'eau pour autant.

~ 231 ~
Fabriquer du compost

Conserver les feuilles mortes, les pelures de fruits et légumes, les coquilles d'œufs, et les laisser en tas dans un grand bac, si possible couvert, mais aéré, ou à même le sol extérieur, et en prenant soin de couvrir le sol ou le fond du bac d'une couche de petites branches, qui facilitera l'aération. Ajouter de nouvelles matières, en alternant les déchets secs (cendres, copeaux…) et les déchets humides (déchets de cuisine notamment, à l'exception de tout ce qui est d'origine animale et de ce qui est gras ou huileux). Au bout de quelques mois, le compost sera prêt. Il doit être sombre, homogène et s'émietter facilement.

~ 232 ~
Faire briller les feuilles d'une plante verte

Dans la maison, il n'y a pas que les bibelots qui prennent la poussière : les feuilles des plantes aussi ! Pour les nettoyer, passer un chiffon imbibé d'un mélange d'eau et de lait, ou de bière et de lait sur les feuilles des plantes, sécher délicatement au séchoir à cheveux (pas trop chaud !) : les plantes, bien bichonnées, resteront brillantes plus longtemps.

~ 233 ~
Favoriser la floraison des géraniums

Pour permettre aux géraniums de fleurir encore plus, ajouter quelques gouttes de lait sur la terre.

~ 234 ~
Garder la fraîcheur au pied des plantes

Les plantes ont besoin d'avoir les pieds au frais ! Pour cela, placer une couche de billes d'argile sur le dessus de la terre. Lors de l'arrosage, les billes absorberont ainsi l'humidité au pied de la plante.

~ 235 ~
Halte aux taches blanchâtres sur les pots en terre cuite

Au fil du temps et des arrosages, les pots en terre cuite se couvrent de traînées blanchâtres. Pour les empêcher d'apparaître ou les faire disparaître, tremper un chiffon dans du yogourt nature et frotter.

~ 236 ~
Lutter contre le mildiou des tomates

Au lieu de pulvériser les tomates avec du sulfate de cuivre lorsqu'elles sont atteintes du mildiou, récupérer des petits morceaux de fil électrique en cuivre et transpercer les plants de tomates de part en part avec ce fil, dont le cuivre traitera les plants malades.

~ 237 ~
Nettoyer le barbecue

Laisser le barbecue refroidir complètement en laissant la grille dessus, de façon à faire griller les résidus d'aliments. Puis, lorsque tout est bien froid, frotter vigoureusement la grille au papier journal avant de la laver. Les mauvaises odeurs auront disparu à l'utilisation suivante.

~ 238 ~
Pour les plantes, thé ou café?

Les deux! Une fois par mois, ajouter à l'eau d'arrosage des plantes vertes un fond de thé ou de café. L'un comme l'autre apportera des éléments nutritifs indispensables. Les plantes apprécieront.

~ 239 ~
Préparer un engrais naturel
pour les arbustes

Les peaux de bananes constituent un engrais naturel parfait pour les arbustes: lors de leur plantation, placer dans le trou une peau de banane. Tellement simple!

~ 240 ~
Préparer un engrais naturel
pour les plantes d'intérieur

Pour fortifier les plantes d'intérieur et éviter d'utiliser de l'engrais chimique, incorporer des coquilles d'œufs pilées à la terre.

~ 241 ~
Protéger les plantes des animaux
domestiques

Les chats ou les chiens vont fouiner dans les plantes en pots, ou pire encore, les grignoter? Placer dans les pots des bâtons de cannelle, qui constitueront un répulsif efficace et éviteront à nos canidés ou félidés préférés de faire des dégâts ou pire, de s'intoxiquer en ingérant une plante toxique pour eux.

~ 242 ~
Que faire avant d'utiliser un pot en terre cuite neuf ?

Surtout ne pas oublier de le faire tremper une nuit entière dans l'eau, afin de bien imbiber la terre cuite et d'éviter que celle-ci ne boive toute l'eau des premiers arrosages !

~ 243 ~
Raviver les géraniums

Lorsque les géraniums, rois des jardinières, perdent du tonus et de l'éclat, les arroser avec du café froid non sucré. Ils retrouveront ainsi leur vigueur.

~ 244 ~
Raviver un yucca

Si jamais le yucca tourne de l'œil, enlever toutes les petites pousses et scier le tronc au sommet, au-dessus des feuilles. Puis, faire couler sur la partie coupée de la cire fondue. Le morceau de tronc récupéré peut être trempé dans de l'eau, puis replanté dès que des racines apparaissent.

~ 245 ~
Repousser les fourmis

Des fourmis qui envahissent la maison et tra-versent la cuisine en bataillon bien ordonné ? Pour s'en débarrasser sans recourir à des insecticides chimiques, il existe plusieurs solutions : verser sur leur passage du sel fin, du basilic frais ou du jus de citron. De la coquille d'œuf pilée ou un mélange moitié sucre en poudre moitié plâtre ou même du marc de café peuvent également dissuader les fourmis de refaire leurs incessantes allées et venues.

~ 246 ~
Repousser les limaces

Au secours, les limaces font des ravages dans le jardin ! Pour les chasser, placer tout autour des plants infestés des cendres de bois ou du sable, en renouvelant l'opé-ration régulièrement. L'autre méthode est celle de la bière : en verser dans des petites assiettes. Les limaces, qui sont particulière-ment friandes de bière, viendront s'y noyer (attention aux enfants !).

~ 247 ~
Repousser les mouches

Comment empêcher les mouches d'entrer dans la maison ? Si l'on a des jardinières sur les rebords des fenêtres, en y plantant de la lavande (mais attention, car elle attire les abeilles et les guêpes...), de la menthe ou de

l'armoise (l'estragon, l'absinthe et la citronnelle sont des variétés d'armoise). Sinon,
placer des petits sachets de ces herbes aromatiques un peu partout dans la maison.

~ 248 ~
Repousser les puces du chien ou du chat

Pour éliminer en douceur les puces du
pelage des chiens ou des chats, se frotter
les mains avec des feuilles de menthe, puis
caresser l'animal. La menthe est un antipuce
naturel très efficace. Pour ceux qui n'ont pas
de menthe fraîche sous la main, vaporiser
sur le pelage (en faisant attention aux yeux
de l'animal!) un mélange de 500 ml (2 tasses)
de vinaigre de vin, de 15 gouttes d'huile essentielle de lavande, 15 gouttes d'huile essentielle de menthe poivrée et 15 gouttes d'huile
essentielle d'eucalyptus.

~ 249 ~
Repousser les souris et les rats

Horreur, des souris, et pire encore des rats!
Soit le chat de la maison n'est pas un bon
chasseur, soit il n'y a pas de chat. Disposer
dans le lieu de passage des intrus des
citrons coupés moisis ou des petits bols de
poivre, ou encore des boules d'ouate imbi-
bées de quelques gouttes d'huile essentielle
d'eucalyptus.

~ 250 ~
Réutiliser de l'eau pour arroser les plantes

L'eau ayant servi à laver les fruits et les légumes peut tout à fait être recyclée et réutilisée pour l'arrosage des plantes. Il suffit de placer un bol dans l'évier pour la récupérer ! Voilà un peu d'eau qui aura ainsi pu être utilisée deux fois. Pas mal, non ?

~ 251 ~
Semer des capucines pour lutter contre les pucerons

Les pucerons adorent les capucines, au point qu'ils en délaissent toutes les plantes avoisinantes. Pour préserver le potager, pourquoi donc ne pas semer des capucines à proximité des plantes les plus vulnérables aux attaques de pucerons ? Il faut cependant savoir que si les capucines sont attaquées, il faut alors les arracher et les brûler ! Sinon tout ce qu'on fait, c'est attirer les pucerons !

~ 252 ~
Utiliser des engrais naturels

Pourquoi recourir à des engrais industriels et chimiques alors qu'il existe des solutions naturelles et économiques ? Pour les plantes d'intérieur, un peu de vin rouge dans l'arrosage les fortifiera en un clin d'œil. D'autres mixtures peuvent être utilisées comme engrais : des feuilles mortes broyées pour les plantes ornementales, une infusion de thé, du sucre en poudre additionné de marc de café ou de coquilles d'œufs pilées.

~ 253 ~
Utiliser les gousses d'ail qui germent

Les gousses d'ail, dès lors qu'elles ont germé, perdent tout leur goût et ne sont plus utilisables pour cuisiner. Le mieux est de les mettre en terre dans une jardinière ou un pot. Les tiges qui pousseront quelques semaines après sont délicieuses telles quelles, dans des omelettes, de la salade, des sauces, etc.

SANTÉ, BEAUTÉ, BIEN-ÊTRE

~ 254 ~
Accélérer le séchage du vernis à ongles

Contrairement aux idées reçues, la chaleur ne favorise pas le séchage du vernis à ongles, bien au contraire. C'est le froid qui permet au vernis de sécher plus vite : en faisant couler de l'eau bien froide sur le vernis après sa pose ou en trempant le bout des doigts dans un bol d'eau froide, tout ça pendant au moins cinq minutes. Ou en utilisant un séchoir à cheveux en position « air froid ».

~ 255 ~
Améliorer l'efficacité d'un traitement capillaire

Le secret pour rendre un traitement capillaire plus efficace, c'est la chaleur. Une fois le traitement appliqué sur les cheveux, emballer la chevelure dans du papier d'aluminium, puis la recouvrir avec une serviette chaude, réchauffée au four à micro-ondes pendant environ une minute ou sortant tout juste de la sécheuse.

~ 256 ~
Apaiser les allergies

Une infusion de thym ou de sauge atténuera les allergies respiratoires. Effet calmant garanti !

~ 257 ~
Apaiser la toux sèche

La toux sèche est très gênante, surtout pendant la nuit. Pour l'apaiser, il faut humidifier la chambre, au mieux avec un humidificateur ou en y laissant une casserole d'eau bouillante, additionnée, pourquoi pas, de quelques gouttes d'huile essentielle d'eucalyptus.

~ 258 ~
Apaiser les coups de soleil

Si on n'a pas pu éviter le coup de soleil, appliquer sur la brûlure des rondelles de tomate bien mûre, ou un sachet de thé humide. Les compresses de vinaigre de cidre ou un blanc d'œuf battu en neige fonctionnent aussi.

~ 259 ~
Apaiser les douleurs dentaires

Le rendez-vous chez le dentiste n'est pas pour tout de suite et la douleur est insupportable? Que faire? Certains préconisent de pincer assez fortement entre le pouce et l'index le lobe de l'oreille du côté de la dent douloureuse. D'autres mâchent un clou de girofle ou mettent une goutte d'huile essentielle de girofle sur la gencive. Enfin, la figue possède des vertus analgésiques et est utilisable de deux manières pour soulager les douleurs dentaires: faire bouillir pendant quelques minutes une dizaine de figues sèches coupées en deux dans 1 litre (4 tasses) de lait, laisser tiédir et faire des bains de bouche avec le lait. Ou couper en deux une figue sèche et la faire tremper pendant dix minutes dans du lait tiède, puis l'appuyer, côté chair, sur la zone douloureuse pendant une quinzaine de minutes.

~ 260 ~
Atténuer les courbatures

Après une séance de sport intense ou en cas de grippe, les courbatures font parfois leur apparition et peuvent être particulièrement pénibles. Pour les atténuer, rien de tel qu'un massage à l'aide d'une huile maison : ajouter à 30 ml (2 c. à soupe) d'huile végétale 3 gouttes d'huile essentielle de lavande et 3 gouttes d'huile essentielle de romarin.

~ 261 ~
Atténuer les piqûres de guêpe, d'abeille ou de frelon

Ouille, ouille, ça fait mal ! Lorsqu'on se fait piquer par une guêpe, une abeille ou un frelon, il faut tout d'abord enlever le dard s'il y en a un (pour les abeilles, il faut gratter, car si vous pressez, vous videz les poches de venin dans votre peau), nettoyer ensuite avec du vinaigre blanc, puis mouiller, et enfin frotter avec du savon. Pour atténuer encore la douleur (provoquée par le venin), approcher une source de chaleur près de la piqûre, en chauffant avec un séchoir à cheveux (attention à la température!). Ou masser avec un oignon frais coupé en deux.

~ 262 ~
Atténuer les poches sous les yeux

Les poches sous les yeux s'atténuent en plaçant pendant dix minutes une compresse imbibée de lait écrémé.

~ 263 ~
Atténuer les problèmes de digestion

Pour les problèmes de digestion, l'idéal est de boire, après chaque repas, une décoction de romarin et de basilic, préparée en faisant bouillir pendant deux à trois minutes 500 ml (2 tasses) d'eau additionnée de 30 g (5 c. à soupe) de romarin et de 5 g (2 ½ c. à thé) de basilic frais, puis en laissant reposer une dizaine de minutes et en filtrant le tout.

~ 264 ~
Avaler une gélule ou un comprimé

Certains n'ont aucune difficulté pour avaler une gélule ou un comprimé, alors que pour d'autres, c'est toute une épreuve. Pour y arriver sans problème, placer le comprimé dans la bouche et prendre suffisamment de liquide, puis pencher la tête vers le bas, ce qui permettra au comprimé de se trouver au-dessus du liquide, à proximité du fond de la gorge. Avaler, et c'est parti! Certains contournent cette difficulté en prenant leur comprimé avec un aliment solide, ce qui fonctionne aussi.

~ 265 ~
Avoir des jambes vraiment douces après les avoir rasées

Pour celles (et ceux...) qui se rasent les jambes, l'idéal pour adoucir la peau après le rasage est de les frotter à l'huile d'olive ou à l'huile d'amande douce et de laisser agir quelques minutes. Puis rincer à l'eau tiède.

~ 266 ~
Avoir des mains douces

Tout le monde n'a pas la chance d'avoir les mains douces. Pourtant, en mélangeant du jus de citron et du sucre pour obtenir une pâte et en frottant les mains avec cette pâte, le miracle opérera immédiatement!

~ 267 ~
Blanchir les dents

Comment avoir les dents plus blanches? Lorsque c'est la saison des fraises, écraser deux à trois fraises bien mûres (et préalablement soigneusement lavées) dans un bol et ajouter du bicarbonate de soude; mélanger pour obtenir une pâte consistante, à frotter sur les dents. Laisser agir quelques minutes et rincer la bouche. Pour ceux qui ne veulent pas utiliser le bicarbonate de soude, mettre un peu de sel fin sur le dentifrice avant le brossage et faire régulièrement des bains de bouche à l'eau salée tiède.

~ 268 ~
Blanchir les dents et rafraîchir l'haleine

Contre toute attente, l'argile verte a le pouvoir de blanchir les dents et de rafraîchir l'haleine : il suffit d'en mélanger avec de l'eau, de tremper la brosse à dents dans la pâte ainsi obtenue et de se brosser les dents normalement.

~ 269 ~
Calmer la toux

Pour calmer la toux, boire une infusion à base de jus de citron additionné de quelques clous de girofle et de miel.

~ 270 ~
Calmer les démangeaisons du cuir chevelu

Le cuir chevelu qui pique ? Pour apaiser ce genre de démangeaisons, verser 5 ml (1 c. à thé) de vinaigre de cidre dans un verre d'eau. Imprégner les cheveux de ce mélange en se servant d'un peigne. Laisser reposer. Renouveler l'opération deux fois par jour jusqu'à la disparition du problème.

~ 271 ~
Calmer un saignement de nez

Pour faire cesser un saignement de nez, chacun a sa méthode, plus ou moins appropriée. Ce qui est sûr et certain, c'est qu'il ne faut ni se moucher, ni éternuer, ni mettre la tête vers l'arrière. Le saignement de nez s'arrête lorsqu'on penche légèrement la tête en avant et que l'on presse la narine d'où provient le saignement.

~ 272 ~
Cicatriser les plaies, éraflures et brûlures

Le meilleur cicatrisant pour les coupures, brûlures et autres éraflures, c'est le miel, qui possède d'extraordinaires propriétés antiseptiques et cicatrisantes. Autrement, tous ces petits bobos cicatrisent rapidement si, une fois désinfectés, on y applique quelques feuilles de géranium lavées et écrasées.

~ 273 ~
Combattre le stress

Un des ennemis du stress, c'est le magnésium. Les carences en magnésium sont en effet à l'origine de la nervosité, des crampes, de la fatigue et du stress. Et dans quels aliments en trouve-t-on? Dans les légumineuses, les pâtes, le riz, les fruits secs, le chocolat noir, les bananes ou le pain complet. Ces aliments sont à consommer régulièrement pour lutter contre le stress.

~ 274 ~
Confectionner une lotion
pour les cheveux aux pointes sèches

Au lieu d'acheter des produits, souvent bourrés d'agents de conservation et d'autres substances douteuses, pourquoi ne pas confectionner une petite lotion pour les cheveux aux pointes sèches et abîmées ? Il suffit de laisser macérer pendant deux semaines des bâtons de cannelle dans une bouteille d'alcool à 70 %. La préparation ainsi obtenue pourra être utilisée en friction sur les cheveux après chaque shampoing.

~ 275 ~
Conserver plus longtemps
le vernis à ongles

Le vernis à ongles sèche et se fige dans le flacon ? Pour éviter cette catastrophe, le mieux est de le conserver au réfrigérateur.

~ 276 ~
Débarrasser la peau des impuretés

La tomate est l'ingrédient de base d'un masque de beauté pour avoir la peau plus nette. Faire bouillir de l'eau et y plonger une tomate quelques instants, suffisamment longtemps pour que la peau commence à se craqueler. Sortir la tomate de l'eau, la peler et ôter ses graines, puis écraser la chair. Ajouter à cette purée de tomates 15 ml (1 c. à soupe) de jus de citron, 15 ml (1 c. à soupe) d'argile en poudre et 15 ml (1 c. à soupe) de crème 35 % ou de yogourt nature. Mélanger : la pâte obtenue, qui doit être épaisse, est à appliquer une dizaine de minutes sur le visage préalablement nettoyé. Rincer à l'eau claire.

~ 277 ~
Déboucher le nez

Pour déboucher le nez, le mieux est de faire des inhalations d'eucalyptus, soit avec quelques gouttes d'huile essentielle dans un bol d'eau bouillante.

~ 278 ~
Donner tonus et brillance aux cheveux

Faire ce qu'on veut avec ses cheveux ? Oui, mais encore faut-il qu'ils soient présentables et éclatants. Mélanger un jaune d'œuf avec 30 ml (2 c. à soupe) d'huile d'olive et 30 ml (2 c. à soupe) de jus de citron, puis masser la chevelure avec cette mixture et laisser agir pendant une dizaine de minutes. Enfin, rincer abondamment.

~ 279 ~
Éclaircir les cheveux

La camomille est un éclaircissant naturel pour les cheveux châtains à blonds : faire infuser 150 g (1 ½ tasse) de fleurs de camomille dans 500 ml (2 tasses) d'eau, puis filtrer et utiliser pour le rinçage des cheveux à la fin du shampoing.

~ 280 ~
Éliminer la corne sur les pieds

Pour éviter qu'une couche trop épaisse de corne ne se forme sous les pieds, pendant le bain ou la douche, frotter le dessous des pieds avec une pierre ponce. Puis hydrater à l'huile d'amande douce. Pour les cas extrêmes, masser avant le coucher avec de l'huile d'amande douce et laisser une couche d'huile, puis mettre des chaussettes pour la nuit. Au matin, la peau aura retrouvé sa souplesse. Répéter au besoin.

~ 281 ~
Éliminer la résine collée sur les doigts

Pour les bûcherons du dimanche ou les jardiniers en herbe, ou ceux qui sont allés mettre leurs mains sur un tronc d'arbre, la résine, ça colle, et ça ne part pas au premier lavage. Pour éliminer la résine, frotter les mains avec de l'huile végétale : la résine partira ensuite facilement à l'eau claire. Les doigts ne colleront plus !

~ 282 ~
Éliminer les points noirs

Mélanger 30 ml (2 c. à soupe) de farine de maïs (ou d'avoine) à un blanc d'œuf battu. Appliquer ce masque sur le visage pendant cinq à dix minutes, puis essuyer avec un linge sec, et bien rincer à l'eau de rose. L'autre option est de faire un sauna facial, en plaçant son visage au-dessus d'un récipient d'eau bouillante additionnée d'huile essentielle de thym, de lavande ou de théier (1 à 2 gouttes d'huile par litre [4 tasses] d'eau), en prenant soin de se couvrir la tête d'une serviette et de bien fermer les yeux.

~ 283 ~
Éliminer les taches de peinture sur les mains

Le solvant à peinture directement sur la peau, non merci. Frotter les mains avec de l'huile végétale (peu importe laquelle), puis rincer. Les taches partiront et, cerise sur le gâteau, les mains seront plus douces et bien hydratées.

~ 284 ~
Éliminer un bouchon d'oreille

Pour éliminer le fameux bouchon de cérumen, commencer par ne pas utiliser de coton-tige. Imprégner une boule d'ouate d'huile d'olive et la placer dans l'oreille, au coucher. Le matin, rincer délicatement avec un linge en coton imbibé de jus de citron, et injecter de l'eau tiède avec une poire prévue à cet effet. Et adieu bouchon !

~ 285 ~
Embellir la peau

Pour un effet embellissant totalement naturel, mettre des brins de romarin dans une casserole d'eau froide et porter à ébullition pendant une dizaine de minutes. Verser ensuite cette décoction dans un bol, et placer le visage au-dessus du bol, en mettant une serviette sur la tête. Rester quelques minutes ainsi au-dessus de l'infusion de romarin. La peau sera splendide.

~ 286 ~
Embellir les ongles

Pour avoir de superbes ongles, faire tremper le bout des doigts pendant cinq minutes dans du jus de citron additionné d'un peu d'eau. Répéter plusieurs fois par semaine.

~ 287 ~
En finir avec les aphtes

Les aphtes (ou ulcération), pour ceux et celles qui y sont sujets, c'est un supplice qui peut rendre toute ingestion de nourriture insupportable. Plusieurs astuces peuvent permettre de les éliminer: les recouvrir de sucre en poudre plusieurs fois de suite, des bains de bouche à la sauge (20 g [4 c. à soupe] de sauge dans 1 litre [4 tasses] d'eau) ou, pour les plus courageux, du jus de citron (ça fait mal, mais c'est efficace).

~ 288 ~
En finir avec les jambes lourdes

Pour celles et ceux qui ont les jambes qui pèsent une tonne, voici deux petites astuces, qui atténueront cette désagréable sensation. À la fin de la douche, les plus courageux passeront lentement de l'eau froide sur les jambes, de bas en haut, en commençant par l'intérieur de la jambe et en redescendant par l'extérieur jusqu'à la cheville. Sinon, s'allonger sur le lit et garder les jambes à la verticale contre le mur pendant une dizaine de minutes.

~ 289 ~
Enlever les taches d'encre sur les doigts

Pour éliminer les taches d'encre sur les doigts, frotter les mains avec un peu de jus de tomate ou de pulpe de tomate avant de les laver à l'eau et au savon.

~ 290 ~
Extraire une écharde

S'enlever une épine du pied, au sens figuré c'est bien. Mais que faire lorsqu'on a une écharde difficile à déloger? Désinfecter la zone concernée, puis la faire tremper dans du vinaigre ou de l'eau tiède additionnée de gros sel pendant une dizaine de minutes. Enfin, extraire avec une pince à épiler. Sinon, en appliquant sur la zone où l'écharde est enfoncée une compresse imprégnée d'huile d'amande douce ou d'huile d'olive, on peut faciliter l'extraction de l'écharde.

~ 291 ~
Fabriquer un bain de bouche pour rafraîchir l'haleine

Se fabriquer un bain de bouche rafraîchissant, pourquoi pas ? Faire bouillir pendant au moins cinq minutes 500 ml (2 tasses) d'eau et ajouter quelques pétales de rose, 2 ou 3 grains de café et quelques feuilles de menthe. Laisser refroidir avant l'utilisation.

~ 292 ~
Fabriquer un exfoliant 100 % naturel

Les exfoliants corporels sont coûteux et ont une efficacité parfois bien relative. Pour avoir une peau parfaite, l'idéal est d'utiliser du marc de café sous la douche, avec un double effet, puisque le marc exfoliera en profondeur la peau et que la caféine possède des vertus amincissantes, ce qui ne gâche rien. Pour ceux qui ne consomment pas de café, voici d'autres recettes d'exfoliant maison : mélanger, en quantités égales, du sucre en poudre et de l'huile d'amande douce, ou de l'huile d'olive et du gros sel. Appliquer l'un ou l'autre de ces mélanges en mouvements circulaires sur tout le corps préalablement enduit d'huile (d'amande douce, de noix de coco, de monoï, etc.), puis rincer.

~ 293 ~

Fabriquer son baume pour les lèvres

Fabriquer son baume pour les lèvres, ce n'est pas la mer à boire! Les ingrédients nécessaires à la fabrication du baume à lèvres sont: 50 ml (10 c. à thé) d'huile végétale (olive, arachide, etc.), 12,5 ml (2 ½ c. à thé) de cire d'abeille en granules, 5 ml (1 c. à thé) de miel liquide et 2 gouttes d'extrait de pépins de pamplemousse (pour la conservation). Faire fondre la cire d'abeille dans l'huile au bain-marie en remuant doucement. Laisser refroidir et incorporer progressivement le miel et l'extrait de pépins de pamplemousse. Verser dans un flacon ou une boîte. Le baume durcira en refroidissant.

~ 294 ~

Fabriquer son propre dentifrice

Une pénurie de dentifrice? Inutile d'être sur les dents, on peut toujours se débrouiller. L'important est d'avoir à la maison: du bicarbonate de soude! Il suffit d'un peu d'eau pour en obtenir une pâte.

~ 295 ~

Faire briller les cheveux

Pour avoir une chevelure brillante, après le shampoing, rincer avec de l'eau vinaigrée ou citronnée, ou de l'eau additionnée de quelques gouttes d'huile essentielle de romarin. Faire un nouveau rinçage, si possible à l'eau froide, pour resserrer les écailles des cheveux.

~ 296 ~
Faire disparaître les crevasses des mains

Préparer une crème en mélangeant 30 ml (2 c. à soupe) d'huile d'olive, 30 ml (2 c. à soupe) d'argile en poudre et 15 ml (1 c. à soupe) d'eau. Enduire les mains de cette préparation pendant au moins une demi-heure, et l'enlever avec du lait démaquillant. Répéter l'opération plusieurs jours d'affilée et les crevasses disparaîtront.

~ 297 ~
Faire disparaître un mal de tête persistant

Pour lutter contre un mal de tête persistant, masser le front, la nuque et les tempes avec une goutte d'huile essentielle de menthe poivrée ou de lavande. Soulagement instantané !

~ 298 ~
Faire disparaître un orgelet

L'orgelet est un bouton sur le bord externe de la paupière. Inutile de le tripoter, cela ne le fera pas partir et risque d'aggraver la situation. Curieusement, c'est en frottant de l'or délicatement sur le bord de la paupière que l'orgelet finira par disparaître. Il n'y a rien de magique : l'or ralentit les processus d'inflammation. Ceci explique donc cela. Si l'or n'y fait rien, des cataplasmes de fécule de maïs ou de fécule de pomme de terre atténueront l'inflammation.

~ 299 ~
Faire disparaître un point de côté

Le point de côté peut disparaître aussi vite qu'il est apparu, à condition d'effectuer la manœuvre suivante: pencher le buste en avant, le plus bas possible, souffler en vidant tout l'air du ventre et rester quelques secondes dans cette position. Au rancart, le point de côté!

~ 300 ~
Fortifier les ongles fragiles

Les ongles fragiles et cassants peuvent être plongés dans un bol d'eau chaude salée (8 g [½ c. à soupe] de sel par litre [4 tasses] d'eau) pendant une quinzaine de minutes. Répéter l'opération pendant quelques jours et les ongles retrouveront leur solidité.

~ 301 ~
Garder la forme en mangeant des pommes

La pomme est peu calorique, très riche en antioxydants et en fibres. Plus on en mange et plus on réduit les risques de diabète ou de maladie cardiovasculaire. La pomme n'est pas un fruit défendu, bien au contraire!

~ 302 ~
Halte aux poux !

Les poux, c'est une sacrée plaie. Ce n'est pas simple de se débarrasser une bonne fois pour toutes de ces vilains envahisseurs de cuir chevelu, d'autant qu'ils sont, paraît-il, de plus en plus résistants aux produits classiques du commerce, lesquels sont d'ailleurs gorgés d'insecticides. La solution réside dans les huiles essentielles, avec lesquelles il faut préparer une lotion radicalement efficace, à mélanger à une bouteille de shampoing ordinaire : 4 gouttes d'huile essentielle de romarin, 4 gouttes d'huile essentielle de lavande, 4 gouttes d'huile essentielle d'origan et 4 gouttes d'huile essentielle d'eucalyptus. Ensuite, utiliser ce shampoing quotidiennement jusqu'à élimination des indésirables.

À défaut d'huiles essentielles, un mélange à parts égales de vinaigre blanc et d'eau tiède versé sur les cheveux (attention aux yeux !), à laisser agir une demi-heure sous une serviette chaude (truc n° 255) sans oublier de rincer. Ça fonctionne aussi !

~ 303 ~
Hydrater le corps à l'huile végétale

Les laits pour le corps sont parfois aussi chers qu'inefficaces. Les huiles végétales ont un grand pouvoir hydratant et protecteur, se substituant ainsi parfaitement au lait corporel : jojoba, olive, amande douce, argan ou karité. Inutile de s'en priver !

~ 304 ~
Hydrater les lèvres

Pour hydrater les lèvres abîmées par le froid, rien de tel que l'huile d'amande douce ou même le miel en massage léger sur les lèvres, le soir avant le coucher.

~ 305 ~
L'argile au secours des cheveux gras

Pour avoir les cheveux moins gras, préparer un masque à base d'argile verte en poudre, en la diluant dans de l'eau additionnée d'une pincée de sel. La pâte obtenue doit être épaisse : l'appliquer sur le cuir chevelu en massant. Laisser agir une quinzaine de minutes, puis rincer soigneusement (à l'eau vinaigrée pour le dernier rinçage).

~ 306 ~
Lutter contre la constipation

La constipation peut causer de vrais désagréments, surtout si elle dure. L'ennemi héréditaire de la constipation, c'est le pruneau, à manger tel quel ou cuit, ou réduit en compote après cuisson. Pour ceux qui n'aiment pas les pruneaux, les figues sèches sont aussi efficaces. Il est indispensable, en cas de constipation, de consommer des aliments riches en fibres : riz brun, haricots verts, kiwis, lentilles... Une autre méthode consiste à avaler, à jeun, 15 ml (1 c. à soupe) d'huile d'olive.

~ 307 ~
Lutter contre la diarrhée

Lorsqu'on a la diarrhée, il est crucial de boire beaucoup et de bien s'alimenter, si possible avec du riz et des carottes. Pour un traitement plus efficace, faire bouillir pendant une demi-heure 60 ml (¼ de tasse) de riz dans 1 litre (4 tasses) d'eau et 5 ml (1 c. à thé) de gros sel. Filtrer et boire cette eau de riz tiède. Ce n'est pas ce qu'on fait de mieux du point de vue gustatif, mais ça soulage vraiment.

~ 308 ~
Lutter contre l'anémie en mangeant des lentilles

L'anémie, c'est le manque de fer. Et Popeye nous a sacrément bernés en se gavant d'épinards à tour de bras! Ce sont les lentilles qui sont bourrées de fer et constituent un aliment particulièrement indiqué en cas d'anémie.

~ 309 ~
Lutter contre la sinusite

La sinusite se soigne en faisant des inhalations : faire bouillir de l'eau, y ajouter le jus de deux citrons, une pincée de poivre et une autre de gros sel. Ajouter, si on en a, quelques gouttes d'huile essentielle de lavande. Verser la préparation dans un bol et placer au-dessus la tête, couverte d'une serviette, puis inhaler.

~ 310 ~
Lutter contre la transpiration
des pieds

Les pieds qui transpirent, c'est incommodant. Pour lutter contre la sudation excessive des pieds, prendre chaque matin ou chaque soir un bain de pieds dans de l'eau additionnée de quelques gouttes de vinaigre de vin, et ce, pendant 3 ou 4 jours. Le thé, riche en tannins, est un bon anti-transpirant: faire infuser 2 à 3 sachets de thé dans 2 à 3 litres (8 à 12 tasses) d'eau. Laisser tiédir et y tremper les pieds pendant au moins 20 minutes.

~ 311 ~
Lutter contre le jaunissement
des dents

Les dents qui jaunissent, ça n'a rien d'esthétique. Appliquer une fois par semaine de la sauge fraîche sur les dents en frottant, et le jaunissement perdra peu à peu du terrain.

~ 312 ~
Lutter contre le manque
de concentration

Une petite tendance à passer d'une chose à une autre? La concentration mal en point? Verser quelques gouttes d'huile essentielle de basilic sur un mouchoir et inhaler. Voilà un geste tout simple qui devrait faire revenir la concentration.

~ 313 ~
Lutter contre les ballonnements après les repas

Les ballonnements après les repas n'ont rien de bien agréable. Pour les faire disparaître, l'idéal est de boire après les repas une infusion d'estragon, de coriandre ou de romarin (30 g [2 c. à soupe] dans 1 litre [4 tasses] d'eau bouillante, à laisser infuser pendant 10 minutes).

~ 314 ~
Lutter contre les vomissements

Pour faire cesser les vomissements en attendant l'avis du médecin, boire des infusions de menthe. Pour ceux qui ne tolèrent pas la menthe, verser 50 g (3 c. à soupe) de sel dans 1 litre (4 tasses) d'eau et en boire 30 à 45 ml (2 à 3 c. à soupe), suivis d'une cuillerée d'eau fraîche. Renouveler tant que les vomissements n'ont pas cessé.

~ 315 ~
Lutter contre une extinction de voix

On est parfois sans voix au sens figuré et au sens propre. Comment alors retrouver sa voix ? Battre un blanc d'œuf avec le jus d'un citron et 30 ml (2 c. à soupe) de sucre en poudre et prendre 15 ml (1 c. à soupe) de cette mixture toutes les heures, jusqu'à ce que la voix revienne.

~ 316 ~
Prendre soin des cheveux ternes et fatigués

Les cheveux fatiguent parfois eux aussi: il existe une recette parfaite pour leur redonner de la vigueur. Mélanger 5 ml (1 c. à thé) de miel liquide avec un jaune d'œuf: étaler la crème ainsi obtenue sur les cheveux en massant et laisser agir pendant au moins 10 minutes, en plaçant la chevelure sous une serviette chaude ou une pellicule plastique. Puis rincer soigneusement et faire un shampoing.

~ 317 ~
Préparer les ongles aux travaux de jardinage

Pour ceux et celles qui jardinent sans gants ou qui veulent éviter d'avoir les ongles tout noirs lorsqu'ils bricolent, griffer un pain de savon. Le savon empêchera les saletés de s'incruster dans les ongles et facilitera ensuite leur nettoyage.

~ 318 ~
Préparer un cocktail « bonne mine »

Rien de tel qu'un bon jus de fruits pour retrouver bonne mine et énergie les lendemains de fête ou de nuits difficiles : mélanger en quantités égales du jus d'orange, du jus de carotte et du jus de mangue. Puis ajouter le jus d'un demi-citron ou d'un demi-pamplemousse.

~ 319 ~
Préparer une tisane apaisante

Avant d'aller se coucher, une petite tisane peut procurer l'apaisement nécessaire pour passer une bonne nuit. Cette tisane peut être élaborée à partir de pelures de pommes séchées et conservées dans un contenant hermétique. Il suffit de verser de l'eau bouillante sur quelques pelures ainsi séchées, et c'est tout.

~ 320 ~
Préparer une tisane diurétique

Lorsque le temps des cerises arrive, garder les queues et les faire sécher. Le moment venu, les faire infuser dans de l'eau bouillante et consommer. La queue de cerise, en plus d'avoir un goût bien agréable, est diurétique et laxative.

~ 321 ~
Préparer un masque capillaire fortifiant

Les cheveux ont parfois besoin de reprendre des forces : le mieux est de leur offrir un masque préparé avec un jaune d'œuf, 30 ml (2 c. à soupe) d'huile d'olive et 30 ml (2 c. à soupe) de jus de citron. Pour une odeur plus agréable, on peut ajouter 15 ml (1 c. à soupe) de rhum. Masser le cuir chevelu avec cette mixture, laisser agir une dizaine de minutes et rincer soigneusement.

~ 322 ~
Purifier la peau avec un masque à l'argile maison

Inutile d'investir dans des cosmétiques chers pour purifier sa peau: il est certainement plus raisonnable de se procurer de l'argile blanche en poudre, indiquée pour les peaux sensibles et sèches, ou de l'argile verte pour les peaux grasses, et d'en verser 30 ml (2 c. à soupe) dans un récipient, puis d'ajouter un peu d'eau en remuant jusqu'à l'obtention d'une pâte bien épaisse. Appliquer sur le visage en évitant le contour de la bouche et des yeux et laisser reposer pendant une dizaine de minutes. Puis rincer à l'eau tiède.

~ 323 ~
Redonner du tonus aux cheveux

L'ennemi du cheveu, c'est l'eau trop chaude. Pour que les cheveux retrouvent ou gardent leur tonus, il est préférable de les laver et de les rincer à l'eau froide. Cela nécessite une certaine dose de courage, mais c'est bénéfique pour les cheveux.

~ 324 ~
Remédier aux cheveux gras et aux pellicules

Cumuler pellicules et cheveux gras, c'est un genre de double peine! Pour remédier à ce désagréable problème, masser le cuir chevelu à l'huile d'olive, mettre une serviette autour de la tête et la garder toute une nuit. Le lendemain, faire un shampoing.

~ 325 ~
Réparer un bâton de rouge à lèvres

Le bâton de rouge à lèvres est cassé et inutilisable? Autant le jeter! Non, surtout pas! Chauffer les deux morceaux à ressouder à l'aide d'un briquet. Les réunir, puis mettre le bâton de rouges à lèvres au réfrigérateur pour qu'il durcisse.

~ 326 ~
Soigner le rhume

Pour soigner un rhume, mettre 30 ml (2 c. à soupe) de fleurs de camomille dans un bol d'eau bouillante et c'est parti pour dix minutes de bonne inhalation! D'autres grands-mères font boire aux enrhumés du lait très chaud dans lequel aura infusé pendant cinq minutes une bonne pincée de feuilles de sauge.

~ 327 ~
Soigner les engelures

Les engelures se soignent avec du... céleri-rave. Faire cuire pendant une heure environ 250 g (1 tasse) de céleri-rave dans 1 litre (4 tasses) d'eau. Sortir le céleri-rave de l'eau et le garder pour plus tard (il sera délicieux en purée). Conserver l'eau de cuisson, y faire tremper les engelures deux à trois fois par jour pendant une demi-heure. Pour ceux que le céleri rebute littéralement, masser matin et soir les zones concernées avec de l'huile de ricin.

~ 328 ~
Soigner les mains abîmées

Pour soigner les mains abîmées, râper une pomme de terre crue et lui ajouter 30 ml (2 c. à soupe) d'huile d'olive. Remuer jusqu'à l'obtention d'une pâte, à frotter sur les mains et à laisser agir quelques instants. Puis rincer à l'eau claire.

~ 329 ~
Soigner les pieds fatigués

Lorsque les pieds ont été très sollicités, après une longue journée de travail ou de marche, ou encore une nuit de danse, préparer une infusion de tilleul ou verser du gros sel dans de l'eau, chaude si possible, et y faire tremper les pieds. Puis, frictionner avec le jus d'un citron, et terminer par un massage à l'huile d'olive.

~ 330 ~
Soigner une crise de foie

La crise de foie apparaît généralement en cas d'abus caractérisé de bonne chère ou de boissons alcoolisées. Pour la soigner, couper un citron en rondelles, verser dessus 1 litre (4 tasses) d'eau bouillante et sucrer avec 15 ml (1 c. à soupe) de miel. Laisser infuser quelques minutes, puis boire tiède au cours de la journée, sans modération. Recommencer le lendemain.

~ 331 ~
Soigner une mycose au pied

La mycose ou le « pied d'athlète » s'élimine en appliquant quotidiennement de l'huile essentielle de théier sur un pied propre. Pour faciliter le massage, diluer quelques gouttes de cette huile essentielle dans de l'huile d'amande douce. Ajouter si désiré de l'huile essentielle de pépins de pamplemousse. Radical contre ces vilains champignons !

~ 332 ~
Soulager l'eczéma

Faire bouillir 500 ml (2 tasses) d'eau, y plonger 2 gousses d'ail. Laisser infuser quelques minutes. Lorsque l'eau est encore chaude, en imbiber une ou plusieurs compresses, à placer sur les zones infectées. Laisser agir toute une nuit. Répéter l'opération plusieurs fois par semaine. Les démangeaisons devraient disparaître et l'eczéma nettement s'atténuer.

~ 333 ~
Soulager le mal de gorge

Pour une gorge moins douloureuse, boire avant de se coucher de l'eau très chaude additionnée de 10 ml (2 c. à thé) de miel et du jus d'un citron. Une autre recette consiste à faire infuser pendant 5 minutes 5 clous de girofle et le zeste d'un citron dans 250 ml (1 tasse) d'eau bouillante. Puis d'y ajouter le jus d'un citron et un peu de miel.

~ 334 ~
Soulager le mal de tête provoqué par une insolation

Voilà une vraie recette de grand-mère, pour soulager instantanément ceux qui souffrent d'insolation. Bien sûr, en cas d'insolation, les premiers gestes à accomplir sont d'allonger le malade au frais ou à l'ombre, de l'asperger d'eau fraîche et de le faire boire. Puis, remplir un verre d'eau et le couvrir avec un mouchoir en tissu ou un linge maintenu solidement avec un élastique ou une ficelle. Retourner prestement ce verre et le poser sur le front du malade, jusqu'à ce que les bulles d'air remontent au fond.

~ 335 ~
Soulager les brûlures d'estomac

Tout le monde peut souffrir de brûlures d'estomac, et les femmes enceintes y sont particulièrement sujettes: on leur conseille généralement de boire un bol de lait tiède au moment où les remontées gastriques ont lieu.

~ 336 ~
Soulager les douleurs musculaires

Pour soulager des douleurs musculaires, masser longuement les zones douloureuses avec de l'huile d'olive additionnée d'ail broyé.

~ 337 ~
Soulager les entorses

Une entorse ou une foulure? Une cheville qui enfle? Appliquer en premier lieu de la glace sur la blessure, puis un linge imbibé de vinaigre de vin. Entourer cette compresse vinaigrée d'une pellicule plastique et renouveler l'opération aussi souvent que nécessaire jusqu'à la disparition de la douleur.

~ 338 ~
Soulager les nausées chez la femme enceinte

Les nausées peuvent survenir pendant la grossesse: pour les soulager, manger un bonbon à la menthe un quart d'heure avant de se lever du lit le matin, ou boire un grand verre d'eau une demi-heure avant les repas, ou encore 125 ml (½ tasse) d'eau tiède additionnée du jus d'un demi-citron, de 15 ml (1 c. à soupe) de miel et d'une pincée de gingembre en poudre. Boire des infusions de camomille, de gingembre ou de menthe.

~ 339 ~
Soulager les piqûres de moustique

Les moustiques n'ont vraiment rien pour plaire et leurs piqûres peuvent provoquer d'intolérables démangeaisons : pour en venir à bout, frotter les piqûres avec du persil frais, puis les laisser à l'air libre pendant au moins une demi-heure. Le vinaigre peut aussi contribuer à diminuer l'envie irrépressible de se gratter.

~ 340 ~
Soulager les yeux après avoir pleuré

Difficile de cacher aux autres ces yeux qui nous trahissent. Le mieux serait bien entendu de ne pas pleurer. Mais même les plus costauds d'entre nous versent parfois une petite larme. Dans ce cas, appliquer des compresses d'eau chaude, puis d'eau froide, si désiré, additionnée de thé. Répéter l'opération.

~ 341 ~
Soulager les yeux fatigués

Les yeux qui piquent à cause des allergies ou d'un gros rhume des foins ont besoin de douceur. Pour les soulager efficacement, faire bouillir 500 ml (2 tasses) d'eau et y ajouter environ 40 g (6 ½ c. à soupe) de fleurs de camomille séchées. Laisser refroidir, filtrer et utiliser en compresses sur les yeux pendant au moins un quart d'heure.

~ 342 ~
Soulager une brûlure

Pour soulager une brûlure, l'idéal est d'avoir un plant d'aloès sous la main. Il suffit alors d'en couper une feuille, de l'ouvrir et de frotter la zone brûlée avec la pulpe qui sort de la feuille. En l'absence de cette plante miraculeuse, apposer sur la brûlure un linge humide rempli de pulpe de pomme de terre ou faire couler de l'eau bien froide sur la brûlure pendant au moins dix minutes et faire suivre d'une application de miel.

~ 343 ~
Soulager une douleur à l'oreille

Pour soulager cette oreille douloureuse, on pourrait être tenté de boire du rhum, histoire d'oublier, alors qu'il est préférable de placer dans l'oreille une boule d'ouate imbibée de rhum. La douleur s'atténuera sensiblement. En l'absence de rhum, imbiber la ouate d'un peu d'huile d'olive chauffée.

~ 344 ~
Soulager une infection urinaire

Préparer une infusion de thym (30 g [5 c. à soupe] de thym pendant quinze minutes dans de l'eau bouillante) à boire toutes les quatre heures. Le thym empêche le développement des bactéries, tout en ayant des propriétés diurétiques. Si c'est la saison du cresson, une soupe de cresson matin et soir peut aussi soulager. Consulter un médecin en cas de doute.

~ 345 ~
Soulager un torticolis

Le cou qui coince? Inutile de se prendre la tête! Commencer par réchauffer le cou avec un séchoir à cheveux. Puis masser avec de l'huile camphrée additionnée d'une gousse d'ail pilée.

~ 346 ~
Stopper une petite hémorragie

Pour arrêter le saignement d'une petite coupure, saupoudrer la plaie de poivre: ça ne pique pas et l'effet est instantané!

~ 347 ~
Adieu pellicules!

Les pellicules s'éliminent en appliquant sur la chevelure un mélange d'huile d'amande douce et de vinaigre (quelques gouttes suffisent). Laisser agir cinq à dix minutes et faire suivre d'un shampoing. Renouveler l'opération deux à trois jours de suite: les pellicules devraient disparaître.

~ 348 ~
Tailler un crayon de maquillage

Bien souvent, tailler un crayon de maquillage peut se terminer en véritable massacre. Pour tailler proprement n'importe quel crayon de maquillage, il est vivement conseillé de placer préalablement celui-ci plusieurs heures au réfrigérateur.

~ 349 ~
Tonifier la peau

Les bienfaits du thé sont innombrables, y compris pour l'épiderme. Pour avoir une peau éclatante et des pores resserrés, porter une grande casserole d'eau à ébullition et y faire infuser de 30 à 45 ml (2 à 3 c. à soupe) de thé pendant une dizaine de minutes. Filtrer et ajouter l'infusion à l'eau du bain.

~ 350 ~
Un avocat pour les cheveux secs!

Les cheveux secs ont besoin d'un avocat! Réduire la chair d'un avocat bien mûr en purée et la mélanger à un jaune d'œuf. Masser les cheveux, puis laisser reposer pendant environ un quart d'heure. Rincer et faire un shampoing.

INDEX

Les numéros qui figurent dans l'index renvoient au numéro du truc et non pas au numéro de la page.

Yogourt